Antiquités d'Herc

Tome VI

Lampes et candélabres

Tommaso Piroli

Alpha Editions

This edition published in 2024

ISBN : 9789362518248

Design and Setting By
Alpha Editions
www.alphaedis.com
Email - info@alphaedis.com

As per information held with us this book is in Public Domain.
This book is a reproduction of an important historical work. Alpha Editions uses the best technology to reproduce historical work in the same manner it was first published to preserve its original nature. Any marks or number seen are left intentionally to preserve its true form.

AVERTISSEMENT

Ce 6e volume, contenant les Lampes et les Candélabres, fait, dans notre division, la troisième partie des Antiquités d'Herculanum, et, dans des monumens plus simples, offre un degré d'intérêt qui le rend encore précieux après l'exposition des Peintures et des Bronzes. Les Lampes (*lucernæ* ou *lychni*), consacrées par les besoins usuels et par la piété, se sont tellement multipliées, qu'il en est parvenu un grand nombre jusqu'à nous; les Antiquaires les ont divisées en plusieurs classes, sous les dénominations de *lampes sacrées, lampes domestiques* et *lampes sépulcrales*. Montfaucon observe judicieusement que, malgré ces distinctions, il serait très-difficile d'assigner à chacun de ces monumens sa classe particulière. En effet, celles que nous publions ont presque toutes été trouvées dans les maisons, et ne diffèrent pas des lampes sépulcrales publiées par Bellori ou par d'autres; il ne paraît même pas que celles qu'on allumait dans les temples, et qui devraient être proprement dites *sacrées*, soient absolument distinctes des autres; et il est vraisemblable qu'on se servait indifféremment de toutes dans les cérémonies religieuses et dans l'usage privé. La variété des formes et des emblêmes dépendait du caprice des artistes ou de la fantaisie de celui qui faisait fabriquer ces objets. On trouve dans les inscriptions, à *la Fortune domestique*, à *Jupiter domestique, Minerve domestique, etc.*; c'est alors le signe d'une dévotion particulière, et on peut en dire autant de toutes les lampes qui portent la figure de quelque divinité; ce sont ces sortes de lampes que nous nommerons *sacrées*. Beaucoup d'autres sont relatives à la profession ou aux goûts de leurs possesseurs. Celles qui portent des figures de gladiateurs peuvent être considérées comme lampes sépulcrales; elles peuvent aussi se classer parmi celles destinées à éclairer les salles d'exercices des gladiateurs, et même les échoppes ou les boutiques des amphithéâtres, des théâtres et des cirques. Nous aurons soin, au reste, de ne point omettre, dans le cours de nos explications, les particularités plus ou moins curieuses qui peuvent jeter quelque jour sur les usages des anciens: si cette matière a été épuisée par une foule de savans auteurs, dont nous nous plaisons à répéter les opinions plutôt qu'à donner les nôtres, nous prions nos lecteurs de considérer que nous n'avons pour but que d'aider leur mémoire, en examinant avec eux les monumens dont nous leur offrons une copie fidelle.

Les lampes étaient ordinairement de bronze ou de terre cuite, et l'on aura souvent occasion d'admirer, dans les lampes de cette dernière espèce, combien était répandu le sentiment du beau, et de se confirmer dans cette observation: que si des hommes ingénieux font la gloire de leur siècle, la gloire de ce même siècle conserve long-temps, parmi leurs successeurs, l'esprit dont les premiers furent animés, et fait revivre cet esprit après les nuits de la barbarie. On ne saurait donc trop applaudir aux efforts des artistes qui tendent, en profitant des exemples de l'antiquité, à répandre ce goût conservateur dans tout ce qui appartient aux besoins les plus familiers. Pour nous, nous croirons avoir peu fait pour les arts, si l'imitation par la gravure des objets précieux que la découverte d'Herculanum a rendus à la lumière, ne faisait naître, dans les productions du goût, des imitations plus solides et plus heureuses.

DES ANCIENNES VILLES
DÉTRUITES PAR LES ÉRUPTIONS DU VÉSUVE.

L'origine d'*Herculanum*, ville d'Hercule, ou consacrée à Hercule, *Herculaneum sive Herculanium* (*oppidum*), se perd dans la nuit des temps fabuleux. Si parmi les héros qui ont porté le nom d'Hercule, on suit les aventures de l'Hercule Thébain, on voit celui-ci s'arrêter, après avoir consommé de grands travaux en Italie, et se reposer dans *la Campagne heureuse*. Là il célèbre ses victoires en consacrant aux Dieux la dixième partie des dépouilles (*Dionys. Halic, l. I*), et fonde la petite ville qui porte son nom, à l'endroit où son navire avait fait sa station. Cette même ville est appelée par Pétrone, *Herculis Porticus*; d'où lui est venu, sans doute, son nom moderne de *Portici*. Avant la découverte d'Herculanum, personne n'avait su déterminer, avec précision, la situation de cette ancienne ville; il n'en restait pas même de trace sensible dans ce nom de *Portici*. Cette habitation royale à quatre milles environ de Naples, séparée de *Résina* par une seule rue, cachait la ville antique sous ses fondemens. Ces deux villes sont presque de niveau avec la mer; en sorte que le sol d'Herculanum se trouve très-abaissé, ou qu'il faut que la mer se soit beaucoup élevée. Winckelmann, qui fait cette observation (*lettre au comte de Brühl*), croit à ce dernier phénomène. Il observe que sur les côtes de Hollande, la mer est manifestement plus haute que la terre; ce qui ne devait pas être avant que l'industrie humaine eût prescrit des limites à la mer. Les bâtimens d'Herculanum sont encore dans leur ancienne assiette; état tout-à-fait contraire à l'opinion qu'ils se soient affaissés. On a cherché à rendre raison du nom de *Résina*, en le faisant dériver de la *villa Retina*, dont parle Pline le jeune dans la lettre où il décrit l'éruption du Vésuve (*lib. VI, epist. 16*). Mais il paraît par le texte, malgré la diversité des leçons, que cette *villa* était située près de *Misenum*, c'est-à-dire à environ douze milles du Vésuve, et qu'il n'y a aucun rapport de *Retina* à *Resina*.

La ville de *Pompéia*, qui subit le même sort qu'Herculanum, paraît avoir eu une commune origine. Son nom vient des pompes et fêtes d'Hercule (*Serv. in Æn. VIII, v. 662*). En écrivant *Pompéia*, dans le cours de cet ouvrage, nous avons suivi un usage vulgaire qui pourrait nous mériter un reproche. Les auteurs latins écrivent Pompeii, au pluriel; les Français conservent ordinairement la terminaison latine. Strabon dit *Pompeia*, et son traducteur, *Pompeiam, quam Sarnus præterfluit*. Cet exemple peut faire autorité en notre faveur. Les ruines de Pompéia se trouvent aujourd'hui sur le chemin de Salerne, près d'un village maritime, appelé *Torre dell'Annunziata*, à dix milles de Naples et six de Portici. L'emplacement qu'elles occupent est éloigné d'un demi-mille environ du cours actuel du *Sarnus* (aujourd'hui *Sarno*), soit que cette différence ait pour cause les bouleversemens produits par les éruptions et les tremblemens de terre, soit que le port se trouvât situé à quelque distance de la ville; ce qui n'est point sans exemple. Cette situation favorable faisait de Pompéia l'entrepôt du commerce de *Nola*, de *Nuceria* (*Nocerra*), et d'*Acerræ* (*Acerra*).

«Stabie (*Stabiæ*), dit Winckelmann, était située dans le terrain qu'occupe à présent *Gragnano*, et non comme le prétend Cluvier dans l'endroit où est aujourd'hui *Castell'-a-mare*, sur le bord de la mer. L'ancienne Stabie, suivant Gallien, en était éloignée de huit stades; ce qui s'accorda avec la situation que nous lui donnons. Cette ville fut détruite par Sylla dans la guerre des Marses; et du temps de Pline, on n'y voyait plus que des maisons de plaisance»; c'est le rivage où Pline l'ancien périt victime de son courage.

Indépendamment de ces villes principales, tout le rivage était couvert d'habitations agréables qu'on bâtissait quelquefois jusque dans la mer, pour y trouver la fraîcheur que produit le mouvement des flots. La fertilité qui jaillissait des causes même de destruction, a, de tout temps, répandu sur ces lieux dangereux, un charme dont les événemens les plus désastreux n'ont pu détruire le prestige. Nous voyons encore de nos jours des jardins délicieux creusés dans la lave; à peine ces fleuves de marbre et de métaux fondus sont-ils refroidis, qu'on vient chercher sur leurs bords l'habitation qu'ils ont épargnée; on creuse leurs flancs pour découvrir le sol; on taille, on enlève leurs riches débris, pour construire des édifices, pour consolider des routes qui doivent être de nouveau abîmées par les torrens destructeurs, Le pavé des villes antiques mêmes était formé de laves. La première éruption dont l'histoire ait conservé le souvenir, est celle qui eut lieu la première année du règne de Titus, l'an 79 de l'ère chrétienne, celle à laquelle on a attribué la destruction totale des villes déterrées dans le siècle dernier. Avant l'époque dont nous venons de parler, les témoins nombreux qui annonçaient le voisinage d'un ennemi aussi redoutable que l'Ætna, semblaient être muets pour les habitans de ces contrées. Si la tradition des anciennes fureurs de quelques volcans avait été conservée par les poètes, elle était comme reléguée dans le domaine des fictions. La fable des Géans phlégréens, la description que Virgile fait des enfers, description qui nous guide encore aujourd'hui pas à pas sur les mêmes lieux, en renferment les traces les plus sensibles: mais il n'est question que des campagnes de Cumes; et l'on est surpris de voir l'auteur des Géorgiques parler de la fertilité du Vésuve, sans remonter à la cause dangereuse qui la produit, et qu'il semble tout-à-fait ignorer. Pline l'ancien, qui porta si loin ses recherches sur l'histoire naturelle, à qui l'incendie du Vésuve fut si funeste, parle deux fois de cette montagne célèbre par ses vins, sans paraître instruit de la nature sulphureuse du sol. Cette remarque n'avait point échappé à l'exact Strabon, qui parle d'ailleurs (*liv. V*) du sommet du Vésuve, comme d'un volcan éteint. Diodore de Sicile (*l. IV*), parle aussi des traces d'embrâsemens qu'offre la montagne, mais sans entrer dans aucun détail.

Il est constant que ces apparences de la nature volcanique du Vésuve avaient peu frappé les anciens, et l'on voit que leurs plus habiles observateurs y avaient à peine fait attention. S'il est prouvé par l'ancien état du sol, mis à découvert dans les fouilles, qu'à une époque très-reculée le Vésuve s'était signalé par de grandes éruptions, il faut supposer qu'elles eurent lieu avant que ces contrées ne fussent habitées. Comment, en effet, le souvenir d'événemens aussi terribles se serait-il effacé de la mémoire des hommes? Ce souvenir ne se serait-il point, au contraire, perpétué par la tradition? Et cette tradition, les prêtres et les poètes, toujours amis du merveilleux, ne l'auraient-ils point avidement recueillie? En vain la cherche-t-on dans quelques poètes latins; un passage de Lucrèce (*liv. VI, v.* 747), où il est seulement question des eaux chaudes du mont Vésuve, ne fait point autorité. D. Marcello Venuti remarque même qu'on a fait subir à ce passage diverses corrections, pour y faire entrer le nom du volcan.

On a cité, comme une autorité plus précise, ces vers de Valerius-Flaccus:

Sic ubi præerupti tonuit cum fortè Vesevi
Hesperiæ lethalis apex.

Et ceux-ci de Silius-Italicus:

Sic ubi vi cæcâ tandem devictus ad astra
Evomuit pastos per sæcla Vesuvius ignes,
Et Pelago et terris fusa est vulcania pestis.

Certes, il n'est pas possible de peindre avec plus de vérité l'effet des éruptions: mais sous le prétexte que Valerius-Flaccus écrivait sous Vespasien, à qui il dédia son poëme, et que Silius-Italicus vivait encore plus anciennement sous Néron, il ne faut point se persuader que ces deux poètes nous transmettent dans leurs vers d'anciennes traditions dont on ne trouve ailleurs aucunes traces. Si le premier a consacré les prémises de sa muse à Vespasien, il paraît constant qu'il est mort en 88 sous Domitien, sans avoir terminé son poëme (Voyez *Dodwell, Annales Quintilianei*). Le second se trouvait consul lors de la mort de Néron, en l'an 68. On ignore quand il a cessé de vivre; mais on sait qu'il écrivit dans un âge avancé, et l'on convient que ses ouvrages en retiennent une sorte de faiblesse. Depuis l'époque de sa dignité consulaire jusqu'au temps de l'éruption, on ne compte que onze ans: il est donc très-probable que cet auteur était contemporain; et le passage cité plus haut nous paraît même une preuve que Silius-Italicus existait encore après l'événement désastreux arrivé sous Titus.

Un fait singulier rapporté par Florus (*lib. III, cap. XX*), peut servir à prouver qu'il ne devait y avoir chez les anciens aucune idée de danger attachée au mont Vésuve. Spartacus, ce chef redoutable de la révolte des esclaves, s'était fait du sommet du Vésuve, une sorte de retraite et de citadelle. Assiégé et réduit à l'extrémité par les troupes de Clodius Glabrus, il descendit, suivi de ses compagnons, dans les entrailles du Vésuve, à l'aide de cordes d'osier; puis, suivant des routes souterraines, il sortit par une issue ignorée et tomba à l'improviste sur le camp de son ennemi, qui s'attendait peu à une pareille attaque. Si l'on doit ajouter foi à ce récit, voilà une époque où le volcan était entièrement éteint; c'est environ deux siècles avant la fameuse éruption: mais depuis cette éruption, plus de dix-sept siècles se sont écoulés sans que les flancs de ce gouffre se soient épuisés; et bien qu'un observateur moderne ait dit que le Vésuve tombe en vétusté, et qu'il tend à s'éteindre, qui sait combien de siècles doivent s'écouler encore, avant qu'un nouveau Spartacus puisse aller scruter ses entrailles! On est presque réduit aux conjectures, quand on veut rechercher quels sont les premiers peuples qui s'établirent autour du Vésuve. D'après les témoignages de Strabon (*liv. V*) et de Servius (*in Æn. VII*), les habitants du rivage et des pays arrosés par le Sarno, étaient connus sous le nom d'Osques, *Osci*; on attribuait-ce nom d'*Osci*, ou plutôt d'*Opici*, aux serpens dont abondait le pays, en grec, Of??. De-l par contraction, on avait dit *Opsci* ou *Osci*. Capoue, qui fut de tout temps la capitale de cette région, se nommait *Vulturnia*, et, aussi *Osca* ou *Opicia*. Cette étymologie, tirée du nom grec des serpens, est peut-être un peu forcée; mais l'origine grecque de ces peuples n'en doit pas moins être regardée comme constante. Servius, citant Conon, dit que cet ancien écrivain, «dans le livre qu'il a écrit sur l'Italie, raconte que des Pélasges et autres émigrans du Péloponnèse, abordèrent dans cet endroit de l'Italie, qui n'avait point encore de nom; qu'ils donnèrent celui de *Sarnus* au fleuve dont ils habitèrent les rives, du nom d'un fleuve de leur patrie; qu'ils s'appelèrent eux-mêmes *Sarastes*, et que, parmi plusieurs autres villes, ils fondèrent *Nuceriæ*». De-là on peut conclure que les Pélasges commencèrent à combattre ou à se mêler avec les anciens Étrusques, maîtres du pays Osque. Le nom d'Étrusque est celui que les écrivains latins conservèrent aux habitants de ces contrées. Les Samnites s'étendirent dans leurs conquêtes jusqu'au cratère; mais ils ne purent s'y maintenir, et furent chassés par ceux du rivage. Ces nouveaux peuples, malgré leurs alliances avec leurs voisins, conservèrent des mœurs qui décelaient une origine moins barbare. Ils avaient apporté les usages et les arts de la Grèce, encore dans leur enfance; retranchés de la souche maternelle, ils conservèrent ce qu'ils avaient de sauvage, et, comme Grecs, demeurèrent bien loin de la politesse et du goût qui fit de leur première patrie, l'ornement et le modèle du monde entier. Chez eux donc se forma ce premier style de l'art qu'on nomma Étrusque chez les Romains, et dont l'imitation servit de leçon à ce peuple tout barbare. Une preuve de l'origine des mêmes peuples se trouve encore dans la dénomination de leurs magistrats, ainsi que le remarque Strabon lui-même. Les villes de proche en proche devinrent colonies romaines; mais par un privilège remarquable (celui des Municipes), les habitans conservèrent, en jouissant du droit de cité, la faculté de vivre sous leurs anciennes lois. Ainsi, les Herculaniens avaient des magistrats suprêmes, des *Démarques*, lesquels étaient peut-être les mêmes que les décemvirs Quinquennaux.

Herculanum et Pompéia étaient deux villes florissantes et très-peuplées, si l'on en juge par les théâtres et les monumens publics découverts dans les fouilles. Winckelmann cite, à l'appui de la même opinion, une inscription curieuse trouvée sur le mur d'une maison à Herculanum. C'est une affiche pour la location des bains et des lieux où l'on donnait à boire et à manger, et que, pour le prix de *neuf cents sesterces*, on louait pour cinq ans. Une certaine Julia, fille de Spurius-Félix, en était la propriétaire LOCANTUR BALNEUM VENERIUM ET NONGENTUM TABERNÆ PERGULÆ, etc.

Tout le monde connaît le récit que Pline le jeune fait, dans sa lettre à Tacite, de la terrible éruption qui coûta la vie à son oncle (*liv. VI. ép. 16*). L'auteur latin n'a rien exagéré; et quoique profondément affecté, il s'exprime avec cette énergique simplicité et cette austérité qui convient l'histoire. Dion-Cassius, dans une description plus pompeuse, s'exprime avec la chaleur d'un orateur, et nous peint tout le peuple d'Herculanum et de Pompéia, assis et abîmé dans le théâtre. Ce fut le 1er novembre, suivant Pline, et à une heure après midi, que l'explosion fit tout son effet: c'était l'heure où le peuple avait coutume de se rendre au théâtre; mais tout prouve aujourd'hui que Dion, qui vivait déjà loin de l'époque de l'événement, s'est laissé entraîner à une grande exagération. Si son récit était exact, n'aurait-on pas découvert un grand nombre de cadavres dans les fouilles? Or, on n'a pas trouvé un seul corps dans les théâtres; on n'en a même trouvé qu'un très-petit nombre dans les villes. Des ustensiles pesans, déterrés ç et là dans les campagnes, sont des traces sensibles de la fuite des habitans, et certainement ils ont eu le temps de se dérober au danger. On sait que des signes redoutables annoncent les éruptions: si les habitans ne pouvaient prévoir ce déluge de feux, le bruit et les secousses qui l'ont précédé, au rapport même de Dion-Cassius, et surtout le souvenir récent du tremblement de terre qui, selon Sénèque, avait renversé une partie de leurs villes sous Néron (en l'an 63), devaient les avertir de chercher leur salut en rase campagne ou sur la mer; il échappa sans doute au désastre un grand nombre de personnes. Chassés par ces malheurs, ou par d'autres qui suivirent, les habitans d'Herculanum se réfugièrent à Naples; ils y eurent un quartier séparé, et y vécurent, sous leurs lois: de-là, la dénomination de *Regio Herculaniensium*, ou *Herculanensis*, qui se trouve sur des inscriptions antiques. Ceux de Pompéia se réfugièrent à Nola. Voilà des faits qu'on ne peut révoquer en doute: mais quand eurent lieu ces émigrations et l'abandon total des deux villes? L'opinion vulgaire a voulu que ce fut après le premier désastre. Mais depuis peu on a mis en question si les villes d'Herculanum et de Pompéia n'ont pas subsisté encore longtemps après. D. Marcello Venuti avait cité une inscription consacrée, par la reconnaissance de la colonie d'Herculanum, à *L. Munatius Concessianus* pour l'avoir alimentée à ses frais dans un temps de disette[1].

Footnote 1: (return)

Voici cette inscription, qui mérite d'être rapportée tout au long:

L. MVNATIO. CONCESSIANO. V.P. PATRONO

COLONIAE. PRO MERITIS. EIVS. ERGA. CIVES

MVNIFICA. LARGITATE. OLIM HONOREM

DEVITVM. PRESTANTISSIMO. VIRO. PRAE

SENS. TEMPVS. EXEGIT. QVO. ETIAM. MVNA

TI. CONCESSIANI. FILII. SVI. DEMARCHIA.

CVMVLATIORE. SVMPTV. LIBERALITATIS

ABVNDANTIAM. VNIVERSIS. EXIBVIT. CIVIBVS

OB. QVAE. TESTIMONIA. AMORIS. SINCERISSI

MI. REG. PRIMARIA. SPLENDIDISSIMA

HERCVLANIENSIVM; PATRONO. MIRABILI

STATVAM. PONENDAM. DECREVIT.

(Descriz. delle prime scoperte dell' antica città d'Ercolano. *Roma*, 1478, *pag.* 28).

Le style de l'inscription se rapporte, suivant cet auteur même, aux bas siècles de l'empire; mais, embrassant l'opinion reçue, loin d'y voir une preuve de l'existence prolongée de la ville d'Herculanum, il applique le sens de cette inscription à l'établissement des Herculaniens réfugiés à Naples, dans un quartier qui prit leur nom. D. Venuti ne manquera pas de partisans qui partageront son opinion. En étudiant l'inscription, il paraît clair qu'elle a été faite à Naples: il y est question de *Regio*, et non pas de *Civitas Herculaniensium*; et cette expression de *Regio* est accompagnée des titres de *primaria*, *splendidissima*, lesquels établissent une sorte de comparaison entre plusieurs quartiers d'une même ville. Cette inscription, au rapport du Capaccio, historien napolitain, fut trouvée dans les environs de Naples (vers 1600), et transportée à Naples, dans l'église de St.-Antoine, abbé D. Venuti l'a vue et copiée. On ne sait pas précisément l'endroit où l'on fit cette découverte;

cependant le Capaccio a cru très-positivement que c'était dans la situation même de l'ancienne Herculanum. «Nous avions, dit-il ignoré long-temps où cette ville fut située. Des paysans, fouillant un champ, trouvèrent quelques édifices voûtés, des pavés, des murs revêtus de marbres, et un grand nombre d'inscriptions qui donnèrent beaucoup de jour». Il parle ici de l'inscription que nous avons rapportée, et il ajoute: «Cette inscription devait être en grand honneur chez les Herculaniens; ils y reconnaissent la démarchie, la république et la protection d'un patron, espèce de gouvernement auquel leur république était assujétie».

En donnant une grande attention au récit du Capaccio, on ne peut demeurer persuadé que le lieu de ces découvertes soit celui de la situation de l'antique Herculanum. Sans doute il l'avoisinait beaucoup, et on peut le considérer comme le quartier dans lequel les réfugiés, tout en appartenant à la ville de Naples, trouvèrent un asyle et reçurent de leurs nouveaux hôtes la protection et les honneurs qu'un peuple hospitalier se plaît accorder au malheur. Les Herculaniens durent, surtout, conserver leur régime et leurs lois, que les Romains avaient respectés, en les attachant à l'empire par le titre de colonie.

M. Carletti et M. Ignarra, deux autres écrivains, font également rapporter l'inscription au quartier des Herculaniens dans la ville de Naples.

Mais le dernier, dans une dissertation écrite en latin, établit une suite d'observations, qu'il fait concourir à prouver «qu'Herculanum n'a point dû cesser totalement d'exister à l'époque où, suivant l'opinion commune, il n'en resta plus de vestiges».

M. Dutheil, membre de l'Institut national, fait l'examen de cette dissertation dans une lettre imprimée, adressée à M. Millin (*Paris, Didot jeune, 1804*). Il suit pas à pas le savant Napolitain, adopte son opinion, et la fortifie par ses propres réflexions. Il nous montre les Empereurs accordant une protection signalée aux malheureuses villes de la Campanie, et s'efforçant de les faire ressortir de leurs ruines. Elles avaient déjà éprouvé des dommages affreux par le tremblement de terre arrivé sous Néron. Vespasien prit un soin particulier de les faire réparer. Une inscription, trouvée à Pompéia, fixe la date du rétablissement du temple de Cybèle; elle répond à l'année 76. Ici, nous devons rapporter une réflexion que d'autres auteurs ont faite avec justesse: Ne serait-ce pas lors des écroulemens causés par le tremblement de terre, que le peuple fut surpris dans les théâtres d'Herculanum et de Pompéia? Il s'ensuivrait que Dion-Cassius, qui vivait dans IIIe siècle, aurait confondu ces deux époques en recueillant les traditions. Trois années s'écoulèrent depuis la restauration du temple de Cybèle, ce qui doit faire présumer celle du reste de la ville au moment de l'éruption, et Pompéia devait alors se trouver très-florissante.

Titus, qui était dans la première année de son règne, signala dans cette occasion toute sa bienfaisance. Sans doute il ne resta point au-dessous de la munificence de Vespasien son père, prince entaché d'avarice. Aussi voyons-nous qu'il envoya des personnages consulaires dans la Campanie, pour réparer le désastre de cette province; qu'il fit répandre des secours puissans, et qu'il abandonna, au profit des malheureux, les biens dévolus au fisc par déshérence en cette même occasion. Quelque fût alors l'effet de ces secours, il fallut renoncer, comme il est bien prouvé, au plus grand nombre des habitations obstruées ou encombrées par la lave, par les cendres et par toutes les matières volcaniques. Ainsi, en faisant les fouilles modernes, on a pénétré dans des lieux qui ont été fermés à la lumière depuis cette fatale époque. Il est à remarquer que c'est dans ces mêmes lieux que furent trouvés des objets dont on a assigné, sans grand fondement, l'existence un âge moins reculé. Telle est, par exemple, la belle statue de *Nonius Balbus*; elle est accompagnée d'une inscription dont on a rapporté les caractères au siècle d'Adrien; mais le temps de cette inscription et de plusieurs autres semblables, n'est point prouvé postérieur à Titus, et la forme des caractères n'a rien d'assez décisif pour faire époque dans le court espace de temps qui s'écoule entre le règne de cet empereur et celui d'Adrien.

Stace, qui vivait à Naples du temps de l'éruption, peint dans une épître adressée à Victorius-Marcellus (*Sylv. lib. IV*, 4), l'état même où plusieurs générations ont vu le site des villes détruites par le Vésuve: «Quand ces déserts se couvriront de verdure ou de moissons nouvelles, les races à venir croiront-elles fouler, sous leurs pieds, des peuples et des villes?»

Credetne virum ventura propago,

Cum segetes iterùm, cum jam hæc deserta virebunt,

Infra urbes populosque premi?

Ces expressions semblent bien annoncer l'abandon total de ces lieux dévastés; mais on oppose le poète à lui-même. Dans une autre épître (*liv. III*, 5), il invite son épouse à venir jouir d'un aspect plus riant dans la même contrée. «La cîme du Vésuve, lui dit-il, la tempête de feu de la montagne furieuse n'a point tari la population des villes tremblantes; elles sont debout, habitées et florissantes».

Non adeò Vesuvinus apex et flammea diri

Montis Hyems trepidas exhausit civibus urbes:

Stant populisque vigent.

Si pourtant, d'après ces paroles consolantes, on se figure les villes détruites, se relevant du milieu de leurs débris; si on les voit pleines de citoyens qui jouissent tranquillement de la beauté du climat, ne donne-t-on pas un sens forcé aux expressions du poète? Parle-t-il d'ailleurs des villes mêmes d'Herculanum et de Pompéia? Il s'adresse à une épouse qui, dans sa frayeur, pouvait se représenter le Vésuve, comme inondant d'un fleuve de feu toutes les villes voisines; il la rassure, et lui promet un séjour agréable et tranquille près de cette montagne redoutée à Naples même, «asyle des doux loisirs et d'une paix inaltérable». Il ne manquait point non plus d'habitations délicieuses, situées autour du Vésuve, et qui n'étaient point exposées à ses ravages. Le poète en nomme plusieurs; ce sont là les villes qu'il faut entendre quand il dit qu'elles sont florissantes, malgré *la tempête de feu*; toutes en étaient assez éloignées pour n'avoir pas à craindre le sort d'Herculanum et de Pompéia.

Il nous est donc impossible de nous représenter ces villes recouvrant leur ancienne splendeur, ou même reprenant une existence un peu remarquable. La circonstance la plus décisive contre l'opinion contraire, observe M. Visconti, est qu'aucun des nombreux monumens, déterrés dans ces ruines, ne porte des marques probables du temps postérieur à Titus. Un grand nombre porte des preuves d'un temps antérieur; on pourrait même ajouter qu'il n'existe pas de monument qui ne soit probablement antérieur à Néron, ou tout au plus de son temps. Cependant ces mêmes lieux ont pu être habités par de pauvres gens. La lampe chrétienne, que nous avons expliquée (*PL. XXIII de ce Volume*), en est le témoin presque unique. M. Dutheil cite, avec M. Ignarra, la table ou carte, dite de Peutinger, monument géographique qu'on croit postérieur au règne de Constantin. On y voit figurer les noms d'Herculanum et de Pompéia; mais, sous ces noms célèbres qui n'ont pu s'éteindre avec les anciennes villes, il ne peut être question que de petites bourgades, qui en ont pris la place. En suivant les mêmes auteurs dans leurs calculs, on voit disparaître toute population connue par les anciens noms, en l'an 471. «Sous cette année, le comte Marcellin fait mention d'une épouvantable éruption *qui couvrit de cendres toute la face de l'Europe*: ce sont ses termes; il ajoute qu'à Constantinople, on faisait annuellement commémoration de cet événement (*hujus metuendi Cineris*), le VIIIe des Ides de novembre. Cette éruption du volcan, arrivée en 471 (continue M. Dutheil en citant M. Ignarra), dût être la plus funeste de toutes; elle changea totalement la conformation du Vésuve. Anciennement, ce mont s'élevait, pour ainsi dire, à pic, n'ayant qu'un seul sommet, où on ne pouvait gravir que d'un côté et fort difficilement. Sa cîme offrait une espèce de plate-forme, presque par-tout unie, comme Strabon nous le dit (*page* 257). Dion-Cassius nous apprend que les flammes sortaient du milieu de la cîme, et que les flancs au-dehors de la montagne, représentaient, en quelque sorte, un vaste amphithéâtre. Aujourd'hui il ne reste de ce cône qu'une petite portion regardant le nord, et séparée du cratère actuel».

Cette dissertation est terminée par les conjectures de M. Ignarra sur les portiques d'Hercule, dont il est fait mention dans le roman satyrique, attribué *Petronius Arbiter*. Il ne faut point chercher le lieu ainsi désigné, ailleurs que dans l'emplacement de l'antique Herculanum. Les portiques du théâtre, élevés de plusieurs étages, suivant les règles de l'architecture, ont pu rester debout long-temps après la ruine de l'édifice. Fréquentés et demeurant seuls connus, on ne parla plus que des portiques; quand les portiques disparurent, leur nom survécut même à leur souvenir: de nos jours, il sert à désigner le même lieu, *Portici*.

«M. Ignarra va plus loin, il soupçonne que dans le quinzième siècle, il pouvait rester quelques vestiges de ces portiques; il le conjecture d'après un passage de Sannazar. Ce poète, dans une de ses églogues, introduit le pêcheur Thelgon, assis sur le penchant de la colline, appelée *Mergellina*, en face du cratère de la montagne, et s'exprimant ainsi:

Rupe sub hâc mecum sedit Galatea: videbam

Et Capreas, et quæ sirenum nomina servant/p>

Rura procul: veteres *aliâ de parte* ruinas

Herculis *ambustâ signabat ab arce Vesevus.*

Par ces mots *veteres ruinas Herculis*, le poète ne saurait guère avoir voulu désigner que les ruines des portiques d'Herculanum, déjà renversés de son temps, mais encore visibles.»

En admettant cette conjecture assez plausible, nous voyons des signes extérieurs indiquer le tombeau d'Herculanum, presque jusqu'au siècle où cette ville antique fut découverte.

On avait très-anciennement fait des recherches dans son sein; mais il paraît que le souvenir s'en était entièrement perdu. Les traces manifestes de ces fouilles se rencontrèrent avec les travaux de la découverte. Ce sont, dit Winckelmann, des conduits souterrains travaillés et creusés avec peine, et qui indiquent si clairement leur objet, qu'ils ne peuvent laisser de doutes sur leur destination. Le célèbre antiquaire rapporte une inscription qui semble désigner ces anciennes recherches; nous l'a copions d'après lui:

SIGNA TRANSLATA EX ABDITIS

LOCIS AD CELEBRITATEM

THERMARUM SEVERIANARUM

AUDENTIUS ÆMILIANUS V. C. CON.
CAMP. CONSTITUIT. DEDICARIQUE PRECEPIT. *(sic)*
CURANTE T. ANNONIO CRYSANTIO V. P.

Cette expression *signa translata ex abditis locis*, ne peut convenir qu'à des statues tirées de villes ensevelies, et particulièrement d'Herculanum; ainsi l'inscription et les anciens conduits s'expliquent mutuellement. Il est question des bains de Sévère; ces bains ne sont connus que par l'inscription; il est très-probable qu'ils appartenaient à la ville de Naples, et que leur dénomination se rapporte à Septime-Sévère. Ainsi, à supposer que les anciennes fouilles aient eu lieu sous le règne de cet Empereur, l'époque peut en être fixée plus d'un siècle après la fameuse éruption.

Les couches de l'attérissement montrent différentes époques auxquelles il a eu lieu. Herculanum ne fut point inondé tout-à-coup par des torrens de feu et de lave liquéfiée. Cette ville fut encombrée par une pluie de cendres brûlantes, dont la chaleur fut si grande, qu'elle réduisit en charbon les poutres des maisons et les objets combustibles; cette émission de cendres fut suivie, et peut-être immédiatement, de lavasses qui en firent une croute solide. On a même imaginé que l'eau de la mer, à la faveur des secousses de la terre, avait pénétré dans le gouffre qui l'avait ensuite vomie par torrens. On cite deux éruptions modernes où ce phénomène est raconté comme certain. En 1631 et 1698, l'absorption fut telle que le bassin du port se montra à sec un moment, et que les eaux et la lave, lancées par le Vésuve, se trouvèrent mêlées d'une quantité de coquillages de toute espèce. La lave a coulé depuis sur les cendres, et les a recouvertes de différentes couches. Par ce nom de lave (qui paraît venir de *lavare*, laver), que les anciens n'ont point employé, et pour lequel ils n'ont point eu d'équivalent, on entend le mélange des matières fondues, de soufre, de bitume, de minéraux et de pierres. Cette matière épaisse et visqueuse ne court point, comme ferait un torrent; elle coule lentement, comme ferait une pâte ou du verre fondu, et roule sur elle-même, enveloppée d'une colonne d'air brûlant, qui dessèche tout à une grande distance. Elle conserve sa chaleur assez long-temps pour arriver jusqu'à la mer où elle forme quelquefois de petits promontoires. La lave se fixe à mesure qu'elle perd sa chaleur, et devient dure comme le marbre, dont elle prend le poli et quelquefois les plus riches couleurs. C'est toujours vers Herculanum et dans le voisinage jusqu'à *Torre-del-Greco*, que la lave a dirigé son cours; elle n'a point coulé jusqu' Pompéia ni Stabie. Ces deux endroits sont couverts d'une cendre légère qu'on nomme dans le pays *Papamonte*; aussi les fouilles s'y font-elles avec plus de facilité, et les objets ensevelis s'y sont-ils mieux conservés.

C'est au prince d'Elbeuf qu'on doit les premières fouilles qui conduisirent à la découverte d'Herculanum. Ce prince faisait bâtir une maison de plaisance sur le bord de la mer, à Portici. Instruit que des habitans de Resine, en voulant creuser un puits leurs frais, avaient trouvé quelques fragmens de beaux marbres; le prince, qui en cherchait pour faire faire du stuc, ordonna qu'on creusât ce même puits jusqu'à fleur d'eau. A peine avait-on fouillé le terrain latéralement, qu'on trouva quelques belles statues, et plus loin un grand nombre de colonnes, quelques-unes d'albâtre fleuri, mais la plupart de jaune antique, appartenant à un temple. Naples était alors sous la domination autrichienne; le vice-roi forma des prétentions sur les statues; elles furent envoyées à Vienne, et données au prince Eugène de Savoie: ceci se passait en 1711. La cour, se réservant un droit dont elle n'usa pas, défendit de faire des fouilles, et l'on demeura plus de trente ans sans y penser.

Enfin, Charles, second fils du roi d'Espagne Philippe V, devenu possesseur du royaume de Naples, fit choix de la *villa* de *Portici* pour maison de plaisance; il s'y trouvait au mois de décembre en 1738. Le puits subsistait encore; il avait été percé auprès du jardin des Grands-Augustins, et le hasard voulut qu'il se trouvât dirigé vers le milieu du théâtre qui aujourd'hui ne se trouve éclairé que par cette ouverture. Le roi ordonna qu'on continuât les fouilles; quelques fragmens d'une inscription en lettres onciales qu'expliqua D. Marcello Venuti, apprirent l'existence du théâtre. Venuti raconte qu'il dirigea ces premiers travaux, et il eut la gloire de faire cette belle découverte qui fut suivie de toutes les autres. Cet heureux succès engagea, en effet, à faire des recherches en d'autres endroits, et l'on découvrit bientôt la véritable situation de Stabie et celle de Pompéia, déjà indiquée par un vaste amphithéâtre dont les vestiges demeuraient visibles à la surface du sol.

Nous avons exposé, dans le cours de cette collection, la plus grande partie des richesses tirées de ces villes ensevelies. Il n'entre point dans notre plan de parler de leurs édifices; nous renvoyons les curieux aux ouvrages que les éditeurs mêmes de ce recueil, MM. Piranesi, ont donnés sur ces matières. On trouve, dans la Collection de leurs œuvres, tous les détails du théâtre d'Herculanum; et ils publient au moment même où nous écrivons (1806), les édifices de Pompéia, gravés par eux sur les dessins de leur père.

FIN DU 6e ET DERNIER VOLUME.

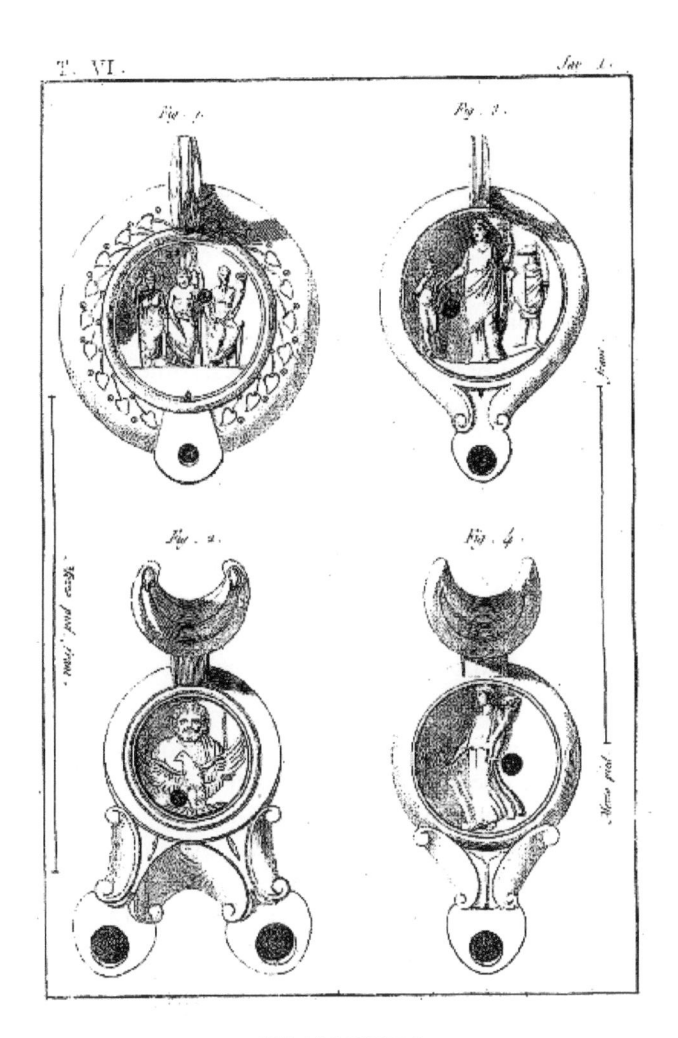

PLANCHE I.

(P. I, 2, *tome VIII de l'Edition royale.*)

FIG. I On remarquera dans cette lampe, comme dans un grand nombre d'autres, l'anse dont la forme varie souvent, la languette où est le trou d'où sortait le lumignon; et enfin, dans le cercle, le trou qui servait à introduire l'huile, et qui s'écartait plus ou moins du centre, pour épargner les figures. Le sujet du médaillon est l'union des trois grandes Divinités. On voit Jupiter assis sur son trône, ayant la tête radiée, et tenant le sceptre et la foudre; à sa droite est Minerve, qu'on reconnaît au casque et à la lance; à sa gauche est Junon, tenant une corne d'abondance. Ces trois Divinités se trouvent souvent réunies dans les monumens, comme elles l'étaient dans le culte qu'on leur rendait à Rome, au Capitole; c'était en leur honneur qu'on célébrait les fameux jeux du cirque, institués par Tarquin-l'Ancien, dits les jeux romains ou les grands jeux. Ce triple culte paraît être passé des Toscans chez les Romains. Les villes Etrusques n'étaient point réputées *justes*, si elles n'avaient trois portes consacrées à Jupiter, à Junon et à Minerve. Les Grecs observaient aussi cette union; et dans le temple, où se rendaient les députés de la Phocide, on voyait Jupiter assis sur son trône, ayant Junon à sa droite, et Minerve à sa gauche. Pindare place Minerve à la droite, comme on le voit sur notre lampe, et dans dix autres du musée de Portici, situation également observée dans l'union des trois Divinités au Capitole.

FIG. II. Cette lampe est percée pour deux mèches; l'ornement est une figure de Jupiter; près de lui est le sceptre, attribut de sa puissance souveraine, et qui désigne le roi des rois, comme l'ont appelé les poètes. Devant lui est l'aigle, ministre de la foudre, à qui le roi des Dieux accorda l'empire sur tous les oiseaux (*Hor. IV, Od.* 4). L'aigle est aussi, suivant Callimaque, le messager des augures du grand Jupiter (*Hym. in Jov.* 69). Ce fut l'aigle qui, dans le combat des Géans, lui présagea la victoire, et qui lui fournissait ses traits foudroyans; de-là l'image de l'aigle fut consacrée comme une enseigne militaire, prêtant un heureux auspice. Cette image a toujours plu aux ames guerrières, et nous la voyons servir encore de gage assuré pour la victoire, aux soldats du Héros du siècle où nous vivons.

FIG. III. Cette autre lampe offre l'union des trois grandes Divinités égyptiennes, Isis y Harpocrates et Anubis. Isis et Harpocrates ont sur la tête la fleur du *lotus*; on reconnaît le fils d'Isis et d'Osiris au geste, qui exprime le silence. Isis tient le sistre, instrument qui, dans les cérémonies sacrées, exprimait le deuil et les lamentations de la Déesse cherchant son mari ou son fils. Anubis était fils d'Osiris et de Nephthys, sœur d'Isis; il l'accompagna dans la recherche de son fils Horus: c'est pour cela, ou pour être le compagnon, le gardien d'Isis et d'Osiris, qu'on l'a représenté avec une tête de chien. Il tient une palme et un caducée, selon la description d'Apulée (*Mét. XI, 961*). On confondait le Mercure Égyptien, *Taaut*, avec Anubis; de-là vient cette communauté du même symbole, du caducée. On sait, au reste, que dans les processions des fêtes Isiaques, un prêtre représentait Anubis en portant un masque de chien. Volusius, au rapport d'Appien, échappa sous ce déguisement, à la proscription triumvirale.

FIG. IV. À la corne d'abondance, au timon que porte la figure exprimée sur cette lampe, on reconnaît la Fortune. Le timon, en donnant l'idée du gouvernement des affaires humaines, semble encore être l'emblème de l'instabilité: c'est dans ce sens qu'Artémidore a dit que celui qui rêvait de la Fortune avec le timon, devait demeurer en crainte: la Fortune a été quelquefois confondue avec la déesse Némésis, c'est-à-dire, la vengeance Dieux ou la justice. À ce titre, on peut la considérer comme présidant à ce mélange des biens et des maux, mystère incompréhensible de la sagesse divine. Nous ajouterons encore que toutes Divinités, influant sur la condition humaine, reproduisaient quelquefois sous le nom, l'image ou les emblêmes de la Fortune. Nous avons vu les attributs de la Fortune donnes à Isis, dans un beau bronze de ce recueil (*tom. V, pl. XIII*).

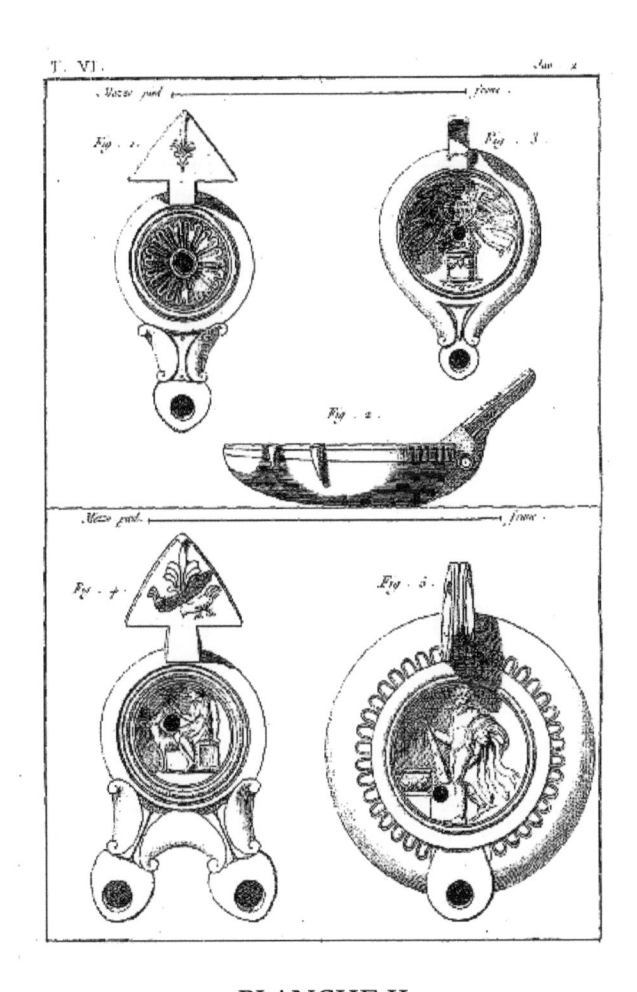

PLANCHE II.

(P. 3, 4, t. VI de l'Édition royale.)

Les lampes représentées dans cette planche sont de terre cuite. Pour ne point nous répéter à chaque explication, nous prévenons nos lecteurs que nous ne ferons à l'avenir mention de la matière que lorsqu'elle changera de nature.

FIG. I et II. La même lampe, plus remarquable par sa forme que par ses ornemens, est représentée de face et de profil.

FIG. III. Deux Victoires aîlées soutiennent un bouclier entouré d'une couronne de chêne; on lit au milieu: OB CIVIS (*cives*) SERVATOS. Au-dessous est un autel orné de festons et d'une tête de bœuf, emblême des grands sacrifices. Aux côtés de l'autel s'élèvent les deux lauriers qui décoraient l'entrée de la maison d'Auguste sur le mont Palatin. Les écrivains du beau siècle de Rome font souvent mention de ces deux lauriers. D'après les observations de MM. *Visconti* et *Marini* sur cet emblême (*Museo Pio-Clem., tome IV, pl. dernière*), on peut croire que cette lampe a servi pour les fêtes des *Lares Viales*, les Dieux des quartiers de Rome, Dieux dont les fêtes se célébraient toujours avec celle du Génie d'Auguste. L'orthographe du mot *civis* par I répond à ce même âge: et la couronne civique est fréquente avec la même inscription *ob civis servatos*, sur les revers des médailles de ce prince, qui était flatté de cette devise.

FIG. IV. Lampes à deux mèches. Sur le manche sont deux poulets, dont l'un est à demi-effacé. Leur action, qui est de becqueter à terre, semble les désigner pour les poulets sacrés dont les Romains tiraient des augures. Le médaillon représente une Diane assise, tenant une branche à la main et ayant devant elle une biche qui la regarde.

FIG. V. Lampe à une seule mèche; Hercule avec un autel. L'objet qui est posé sur cet autel a été expliqué par M. Visconti. C'est la grande coupe d'Hercule (*scyphus Herculaneus*) que ce héros avait reçue en présent du Soleil, et qui, selon la fable, avait, en certaine occasion, servi de bateau au fils d'Alcmène.

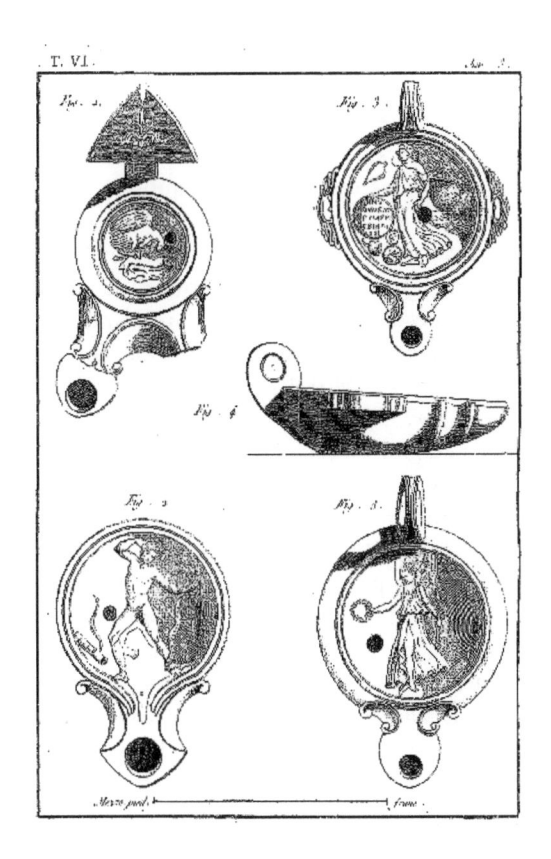

PLANCHE III.

(P. 5,6, t. VIII de l'Édition royale.)

FIG. I. Lampe à deux mèches fracturée. Un aigle déchire un lièvre sur lequel il vient de fondre. On trouve cet emblême sur plusieurs médailles des villes grecques de l'Italie et de la Sicile.

FIG. II. On voit dans cette lampe Hercule, vainqueur du dragon qui gardait les pommes d'or du jardin des Hespérides: d'un pied il écrase le nœud dont le monstre l'a enlacé, et il l'étouffe d'une seule main. La force prodigieuse du héros est habilement développée dans cette belle attitude. On retrouve la même action exprimée sur plusieurs médailles.

FIG. III et IV. Cette lampe curieuse est un monument de l'antique usage des étrennes, qui remonte jusqu'au roi *Titus-Tatius*, ou du-moins jusqu' Numa. On se faisait des souhaits réciproques; on s'envoyait des présens (*strenæ*) différens de ceux dits *Xenia*, dons mutuels de l'hospitalité. Ces marques de bienveillance avaient lieu, comme encore de nos jours, le premier janvier; le second jour était *nefaste*; le troisième était en quelque sorte le plus solennel;

c'était celui où l'on offrait des sacrifices, où l'on faisait des vœux publics pour la prospérité des empereurs. Ces fêtes étaient prolongées pendant presque tout le mois, et étaient désignées par *kalendes de janvier*. Dans des temps plus rapprochés, les chrétiens, qui avaient conservé l'usage des étrennes, y ajoutaient des divertissemens consistant en festins et en déguisemens sous l'habit de femme, et sous le masque de différens animaux, ce qu'on appelait *vetulam* et *cervudum facere*. C'est de-là qu'on fait dériver l'origine du carnaval, dont les folies, commençant au mois de janvier, se rattachent à d'autres extravagances empruntées aux anciens. La figure principale de la lampe est une Victoire aîlée, tenant une palme et un bouclier, sur lequel on lit l'inscription *ANNUM NOVUM FAUSTUM FELICEM MIHI, que le nouvel an soit heureux pour moi!* formule usitée, et celle dont on se saluait réciproquement dans ce jour de fête. Ce salut était au nombre des présages, heureux qu'on recueillait par l'ouie, *omina*; ceux qui frappaient la vue étaient appelés *monstra*. Par le mot MIHI, on voit que notre lampe était une étrenne que la personne se donnait à elle-même. Il est bon encore d'observer que, dans les souhaits et dans les prières pour la félicité, chacun avait coutume de se nommer le premier. Sur le fond du médaillon sont semés différens objets qu'on s'offrait en dons réciproques aux étrennes. La large feuille paraît représenter un éventail (*flabellum*); plus bas est une datte (*caryota*) renfermée dans sa gousse; une médaille où est représenté le signe de la bonne-foi ou de la concorde, deux mains unies et deux serpens formant caducée; une autre médaille, Victoire aîlée; de l'autre côté de la figure, une troisième médaille avec la double face de Janus, divinité qui présidait à la nouvelle année et au premier mois appelé *Januarius* (Janvier) de son nom; un objet qu'on ne peut discerner; enfin, une espèce de paquet qui paraît représenter une masse de figues sèches (*caricæ*). Ces figues se transportaient dans des vases de terre, dont l'objet en question paraît avoir la forme, suivant l'expression de Martial, *torta meta* (*XIII*, 28). On apprend effectivement par des passages recueillis dans les poètes, que les étrennes d'usage étaient des figues sèches, des dattes, des noix (et sous le nom de noix, il faut entendre plusieurs sortes de fruits), enfin des monnaies. Les dons d'argent n'avaient pas seulement lieu entre les particuliers; on en faisait aux empereurs et aux princes, dont on recevait de semblables dons de la main à la main. Dans la suite, le sénat fit offrir les monnaies l'empereur dans une patère d'or, par le préfet de la cité. Honorius fixa ces présens à une livre d'or, et l'empereur faisait distribuer aux magistrats et aux personnes de distinction, d'autres monnaies ou médailles, le plus souvent frappées à son image. On trouvera des lampes semblables à la nôtre, rapportées par Bellori (*Luc. sep. P. III, Tab. V*) et Passeri (*Luc. fic. P. I, Tab. VI*).

FIG. V. Lampe à une seule mèche. Victoire aîlée, tenant une palme et une couronne, et posant sur un globe; c'est ainsi que la Victoire est ordinairement représentée sur les médailles.

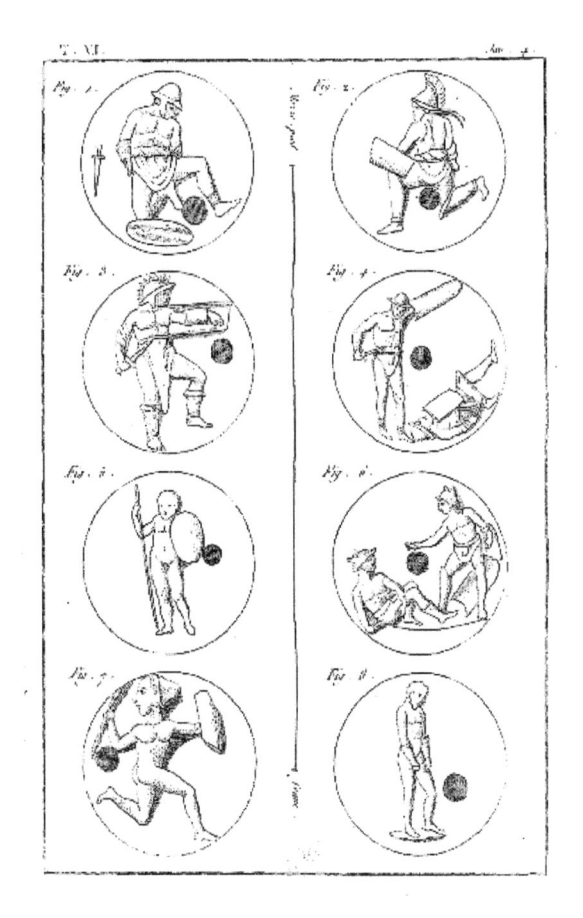

PLANCHE IV.

(P. 7, 8, t. VIII de l'Edition royale.)

Nous nous contentons de rapporter dans cette planche les médaillons de plusieurs lampes, dont la forme est peu curieuse; on y voit des gladiateurs en différentes attitudes. L'opinion que les mânes ou les dieux infernaux s'appaisaient par le sang humain, paraît avoir été l'origine des combats de gladiateurs, si l'on en juge par la coutume barbare d'immoler des prisonniers de guerre ou des esclaves dans les funérailles des princes et des grands. L'invention de ces combats est le plus communément attribuée aux étrusques, dont les monumens funèbres offrent souvent de telles représentations. Quoi qu'il en soit, le goût en fut porté jusqu'à la fureur chez les Romains, qui les admettaient comme un divertissement au milieu des festins. Non contens d'en jouir comme d'un spectacle, des hommes libres, des chevaliers, des sénateurs se plaisaient à s'y livrer. Les femmes même partagèrent cette fureur, et l'empereur Sévère fut obligé de rendre un édit pour leur interdire ces jeux sanglans. C'était le spectacle qui excitait le plus la curiosité du peuple. Les empereurs le faisaient principalement donner à l'ouverture des guerres, sans doute pour exciter le courage dans l'âme des soldats. Les occasions en étaient, au reste, très-fréquentes. Les magistrats, et sur-tout les édiles, faisaient donner des combats de gladiateurs, en prenant possession de leurs charges; mais ce spectacle paraît avoir été particulièrement consacré aux pompes funèbres, dans celles même de simples particuliers, qui le prescrivaient fréquemment par leurs testamens, et faisaient des legs ou des fondations pour qu'il fût renouvelé à chaque anniversaire. On peut donc considérer comme lampes sépulcrales, plusieurs de celles qui portent des images de gladiateurs. Ces figures ne sont point toujours un monument des combats exécutés en l'honneur des morts: l'image des cérémonies, qu'on n'avait pu exécuter, suffisait dans l'opinion religieuse pour appaiser les mânes.

FIG. I. Gladiateur frappé à mort, et qui a abandonné ses armes.

FIG. II Celui-ci, un genou en terre, semble attendre son adversaire, prêt à se couvrir de son bouclier et à frapper. Son casque est surmonté d'une aigrette; le vainqueur enlevait cette aigrette, et la montrait au peuple en signe de sa victoire: de-là Juvénal les appelle *Pinnirapi*.

FIG. III. Le casque de celui-ci est hérissé de pointes; il est prêt à combattre et dans l'attitude proprement dite *status*, en garde.

FIG. IV. Dans ce groupe, le vainqueur considère son ennemi renversé, comme pour s'assurer s'il est mort, prêt, sans doute, à l'action cruelle exprimée par *repetere*, lorsque le peuple, non content de voir couler le sang, demandait la mort du blessé, en criant au vainqueur de l'achever: ce que celui-ci confirmait au peuple en disant, après avoir frappé, *habet*.

FIG. V. Ce jeune homme nu, tenant une lance et un petit bouclier (*parma*), pourrait ne pas être de l'espèce des gladiateurs, et exprimer ici un Génie de la guerre, ou celui du dieu Mars.

FIG. VI. Le vainqueur paraît tendre la main au vaincu pour le secourir: cet acte d'humanité, que nous n'avons point encore vu exprimé dans d'autres monumens, rend notre lampe précieuse. C'était au peuple que le vaincu demandait la vie, en élevant le doigt en l'air. Nous voyons sans doute ici ces gladiateurs représentés au moment qui suit cette action. De cette coutume venait l'expression *ad digitum pugnare*, quand les deux champions convenaient de ne point se faire de quartier jusqu' ce signe.

FIG. VII. Figure de mime, coiffé d'un bonnet pointu, armé d'un bouclier et d'un bâton fendu propre à faire du bruit; cette caricature pourrait donner à penser qu'on admettait quelquefois des bouffons dans les jeux des gladiateurs: on sait, au reste, que les mimes faisaient partie des pompes funèbres.

FIG. VIII. Athlète armé de cestes pour le combat du Pugilat.

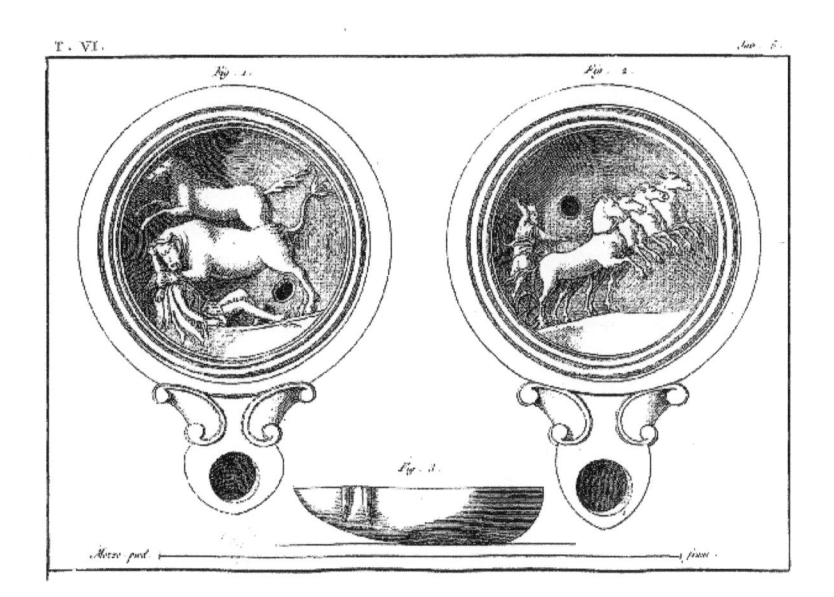

PLANCHE V.

(*P. 9, t. VIII de l'Edition royale.*)

FIG. I. Dans cette lampe, un homme couché par terre saisit un taureau fougueux par les cornes: un cheval lancé au galop, la bride flottante sur le cou, est de l'autre côté. Ce groupe représente très-vraisemblablement la chasse du taureau, qui avait lieu dans les jeux du cirque. César, étant dictateur, donna le premier aux Romains le spectacle de cette chasse, inventée par les Thessaliens. Un cavalier poursuivait le taureau flanc à flanc, et lorsque l'animal était fatigué, il lui sautait sur le dos et le renversait à terre par les cornes. (*Plin. VIII*, 45.—*Suet. Claud.* 21.) Une ancienne épigramme peint vivement cette course, et représente le Thessalien jetant un nœud dans les cornes du taureau, qu'il fait plier et qu'il renverse en un clin-d'œil. (*Reiske. Anth.* 728.) Ici le cavalier étendu par terre, profite habilement de sa situation pour entraîner l'animal; l'ordonnance du groupe donne à penser que cet homme s'est élancé de son cheval sur le taureau, qu'il a glissé par le mouvement rapide de la course, et qu'il saisit la victoire avec présence d'esprit: il serait encore possible que cette situation fût un tour d'adresse. Ces sortes de jeux, qui se sont conservés dans nos provinces méridionales, et surtout en Espagne, se font pied comme à cheval, et donnent encore de nos jours l'occasion d'admirer ce que peut l'adresse contre la force.

FIG. II. Cette autre lampe représente un quadrige en pleine course; suivant un exemple fréquent, les accessoires sont négligés et le char est représenté par une roue seulement. Le conducteur est vêtu d'une ample tunique resserrée par des bandes servant de ceinture; d'une main il agite son fouet, et de l'autre tient les rênes qui sont liées autour de son corps: cet usage avait pour but de s'assurer des chevaux, et de les gouverner avec plus de force; il mettait cependant très-souvent le conducteur en grand péril: c'est ainsi que Sophocle a peint Oreste; qu'Euripide, Ovide et Sénèque ont peint Hippolyte entraîné dans ces nœuds dangereux; c'est encore ce que notre divin Racine, qui avait une connaissance profonde de l'antiquité, a exprimé dans ce vers bien connu:

Dans les rênes lui-même il tombe embarrassé.

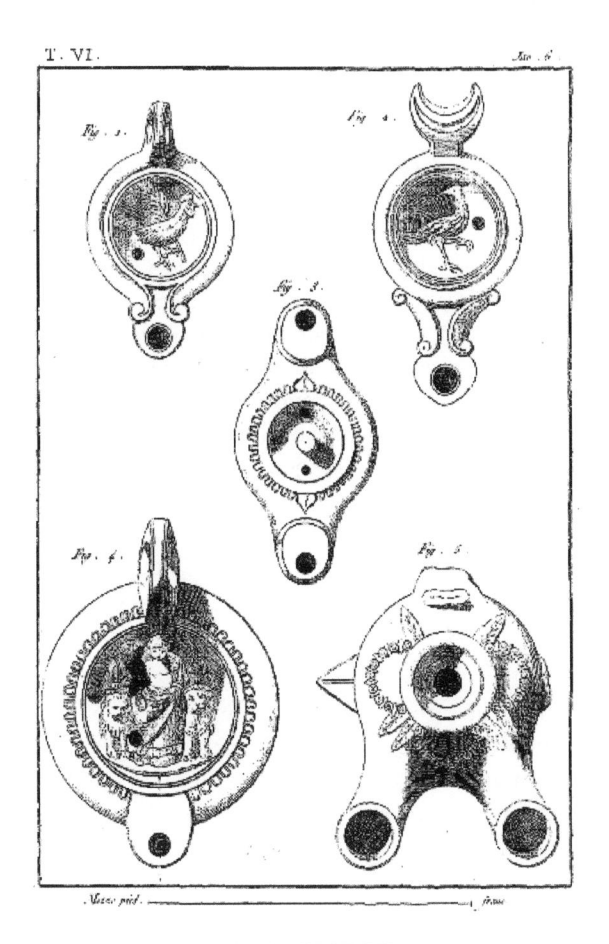

PLANCHE VI.

(*P. 10, II, t. V de l'Edition royale*).

Fig. I. Le sujet de cette lampe vraiment curieuse est un coq avec une palme, qui dénote la victoire remportée par cet oiseau dans un combat. Les combats de coqs étaient célèbres dans la Grèce. Ælien rapporte que lorsque Thémistocle marchait contre les Perses, il fit remarquer à son armée deux coqs qui se battaient avec acharnement, animant ses soldats, par cet exemple, à combattre courageusement pour leur patrie; et qu'à cette occasion, une loi prescrivit que chaque année, dans un jour déterminé, on donnerait sur le théâtre d'Athènes, le spectacle d'un combat de coqs. Ces oiseaux avaient des maîtres pour les dresser (*avium lanistæ*). On leur faisait manger de l'ail pour les rendre plus ardens, et on armait leurs pattes d'éperons de fer; ce qui a donné lieu au proverbe grec, *lève l'éperon quand tu combats*. Les plus estimés étaient ceux de Rhodes et de Tanagra en Béotie. Les spectateurs s'intéressaient si vivement à la victoire de l'un des deux champions, qu'ils faisaient en leur faveur des gageures considérables, au point même de dissiper leur patrimoine, si l'on en croit Columelle (*VIII*, 2.). Ces spectacles, dans son opinion, paraissaient avoir été plus propres aux anciens Grecs qu'aux Romains. Pline, du moins, en parlant de son temps, dit que tous les ans on donnait, à Pergame, un spectacle de coqs. Le coq combattant servait de signe pour les monnaies des Dardaniens; on voit un coq avec deux épis (peut-être deux palmes) sur une médaille de *Dardanis* ou Troye (*Thes. Brit. tome* I, p. 254); on le trouve avec la palme, comme dans notre lampe, sur une autre médaille d'Athènes (*Ibidem, pl.* 213). On donnait encore, dans la Grèce et à Rome, des combats de cailles, qui se signalaient aussi-bien que les coqs par leur courage et leur obstination. Les Anglais se montrent très-curieux de ces sortes de combats, et ne sont pas moins fous dans leurs gageures que ceux dont parle Columelle; ils ont pris le goût de ces jeux dans les Indes, où les grands en font un de leurs divertissemens. Un combat de coqs est le sujet d'une très-belle et curieuse gravure d'Earlom, ou l'on voit un coq, tenant pour le colonel Mordaunt, se battre victorieusement contre le champion d'un Nabab. On pourrait citer en plaisantant les combats de coqs qui se donnaient pour Auguste et pour Antoine. Le coq d'Auguste était toujours vainqueur. (*Plut. Vie d'Ant.*)

FIG. II. La cigogne qu'on voit sur cette lampe, est le symbole de la piété filiale, et, par cette raison, elle pourrait désigner une lampe sépulcrale; c'était aussi le symbole du printemps (*titulus tepidi temporis*): on voit la cigogne sur les médailles des familles *Antonia* et *Cœcilia*.

FIG. III et V. Ces deux lampes, chacune à deux mèches, sont sans figures, mais elles méritent d'être remarquées pour leur forme, la beauté du travail, et le goût des ornemens.

FIG. IV. Cette lampe, endommagée, et d'un travail assez grossier, est intéressante par le sujet qui représente Cybèle assise entre deux lions, et ayant auprès d'elle, d'un côté, le jeune *Atys*; de l'autre un arbre d'où pendent des tambours (*tympana*), et sur ses genoux, une clé ou un autre objet; sa tête est couronnée de tours. La plupart de ces objets se devinent pour être les attributs de la déesse, plutôt qu'ils ne se distinguent. On célébrait en l'honneur de Cybèle, dite la mère des Dieux ou la *grande mère*, outre les fêtes si fameuses, des fêtes de nuit dans l'intérieur des familles, de veillées (*pervigilia*). On pourrait dire avec quelque fondement, que les lampes qui représentent Cybèle et *Atys* ensemble, ou séparément, étaient consacrées à ces sortes de fêtes.

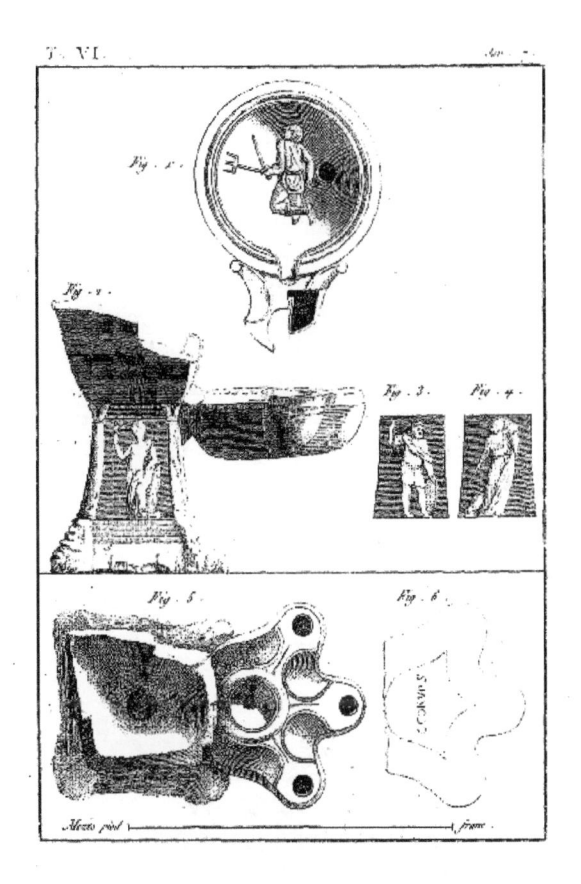

PLANCHE VII.

(*P. 11, 12, t. VIII de l'Edition royale.*)

FIG. I. On voit sur cette lampe l'un de ces gladiateurs, dits, *Retiarii*, de leur manière de combattre. Le gladiateur *Retiarius* portait d'une main *des rets*, dont il cherchait à envelopper son adversaire; son arme principale était un harpon ou un trident; il avait quelquefois de plus un poignard ou une épée courte, comme on le voit ici; son vêtement était une tunique; il portait un bonnet (*pileus ou galerus*) qui devait laisser à découvert son visage, qu'il présentait avec affectation aux spectateurs. L'adversaire était désigné généralement par le nom de Gaulois, et plus particulièrement par celui de *Mirmillon*; c'est encore à celui-ci que paraît appartenir la dénomination de *Secutor*, employée par Suétone dans la description d'un combat, où un *Retiarius*, reprenant l'avantage, tue coups de trident les cinq ennemis vainqueurs de son parti (*Caligul.* 30). Ce combat bizarre était l'image d'une pêche, et, pour la rendre plus complète, le *Mirmillon* portait sur son casque un poisson; et son ennemi, en le poursuivant, s'écriait: «J'en veux au poisson, je n'en veux point à toi: ô

Gaulois, pourquoi me fuis-tu»? Juvénal, dans la 8e Satyre (*v.* 200 *et suiv.*), fait paraître un sénateur, *Gracchus*, s'exposant, sous le rôle d'un *Retiarius* malhabile, à une ignominie plus grave que des blessures: nulle part l'appareil de ce genre de combat n'est décrit avec plus de précision.

FIG. II à VI. Lampe à trois mèches, en forme d'autel à trois pans, sur lequel pose une espèce de vase quadrangulaire; trois figures servent d'ornement à chaque face de l'autel. Dans l'une, on peut reconnaître Apollon; dans la seconde, le dieu Mars; et dans la troisième, la Fortune, désignée par le sceptre et la corne d'abondance, si ce n'est la Concorde, suivant ce que nous en avons dit propos de la *pl. II du tome V*. Ces Divinités sont, sans doute, réunies dans ce monument comme l'objet d'une dévotion particulière. Les détails que nous donnons de cette lampe curieuse la présentent sous tous les aspects. Le dessin au trait est le plan du pied sous lequel on lit *C. CORVINVS*, nom qui paraît être celui du fabricant.

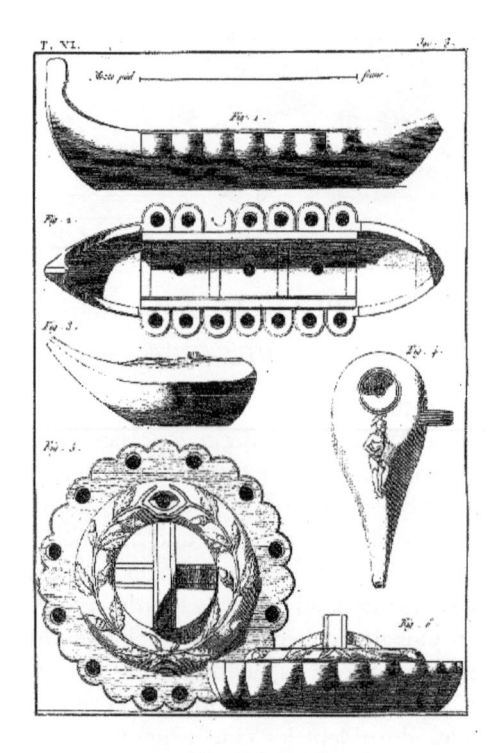

PLANCHE VIII.

(P. 13, 14, *de l'Édition royale.*)

FIG, I et II. Lampe à quatorze mèches, en forme de barque. Les quatre traverses semblent exprimer les bancs des rameurs, proprement dits *transtra*.

FIG. III et IV. La forme de cet ustensile a, paru peu appropriée à une lampe; cependant, et malgré la petitesse de son orifice, elle répugne encore plus à l'espèce de vase, dit *infundibulum* ou *guttus*, à laquelle on a voulu la rapporter. Nous ne reconnaissons dans ce vase autre chose qu'une lampe, dont la mèche très-mince devait fournir une lumière de longue durée, destinée probablement éclairer un tombeau: le petit bassin qui est au milieu servait à introduire l'huile. La figure représente un gladiateur.

FIG. V et VI. Cette lampe à douze mèches est d'une forme élégante et d'un bon travail. Deux branches de chêne avec les feuilles et des glands, en font l'ornement. Les couronnes de chêne sont très-fréquentes sur les lampes comme sur les médailles. On peut considérer les deux branches ou comme exprimant la récompense civique, ou comme un emblême relatif au culte de Jupiter et de Junon, Divinités protectrices des cités, et auxquelles le chêne était consacré.

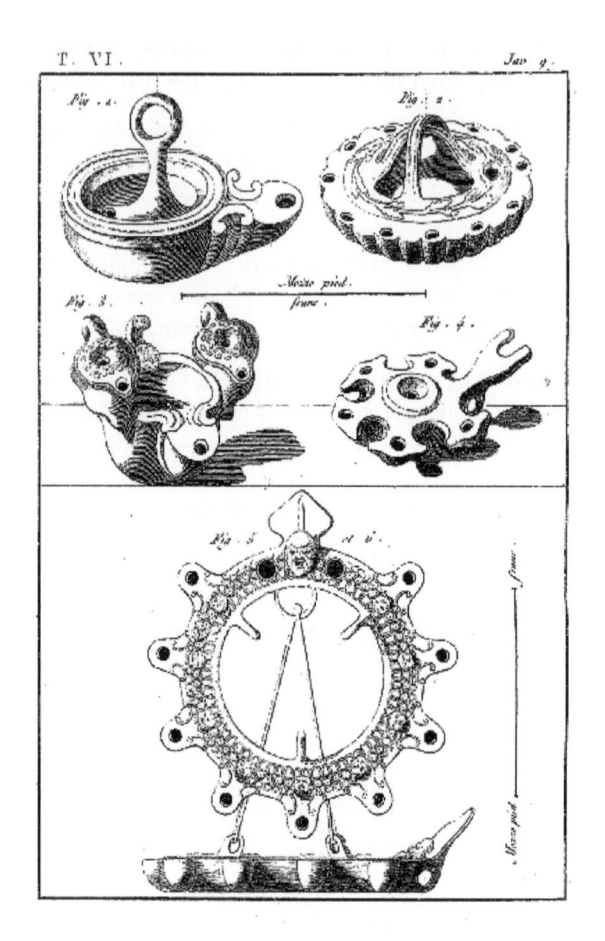

PLANCHE IX.

(*P*. 15, 16, *t. VIII de l'Edition royale.*)

FIG. I. Lampe à une seule mèche. Du milieu s'élève une anse avec un œil pour servir à la suspendre.

FIG. II. Lampe, à douze mèches, semblable celle de la planche précédente.

FIG. II. Celle-ci est remarquable par sa triple forme dont chacune a son récipient, sa bouche et son orifice, sans communication. La lampe du milieu figure une conque; les deux lampes latérales sont en forme de colombes ou d'oies; ce qui pourrait annoncer que cette espèce de candélabre servait aux veillées de Vénus ou de Priape. La séparation des récipients indiquerait qu'on allumait une mèche à mesure qu'une autre s'éteignait. On retrouve les traces de cet usage dans une jolie épigramme de l'Anthologie (*VII, ép.* 16) «Cléophantide tarde encore, et déjà, s'affaiblissant peu à peu, va s'éteindre la *troisième* lumière: ah! pourquoi avec la lumière ne s'éteint point le feu qui me consume! combien de fois, combien ne m'a-t-elle pas juré par Vénus, qu'elle viendrait sur la brune! Mais la parjure se rit et des hommes et des Dieux».

FIG. V et VI. Cette lampe produisant neuf lumières, est garnie de trois anses servant à la suspendre. Les masques qui en font l'ornement, indiquent qu'elle était destinée à un théâtre ou à une salle de festin. Martial désigne l'emploi de ces lampes dans les festins, sous la dénomination de *Polymixi*, à plusieurs lumignons. Si les lampes de métal étaient plus en usage dans les maisons aisées que celles de terre, ces dernières cependant n'étaient point dédaignées, et la délicatesse qui se fait remarquer dans l'exécution de la nôtre, prouve qu'on y mettait quelque prix.

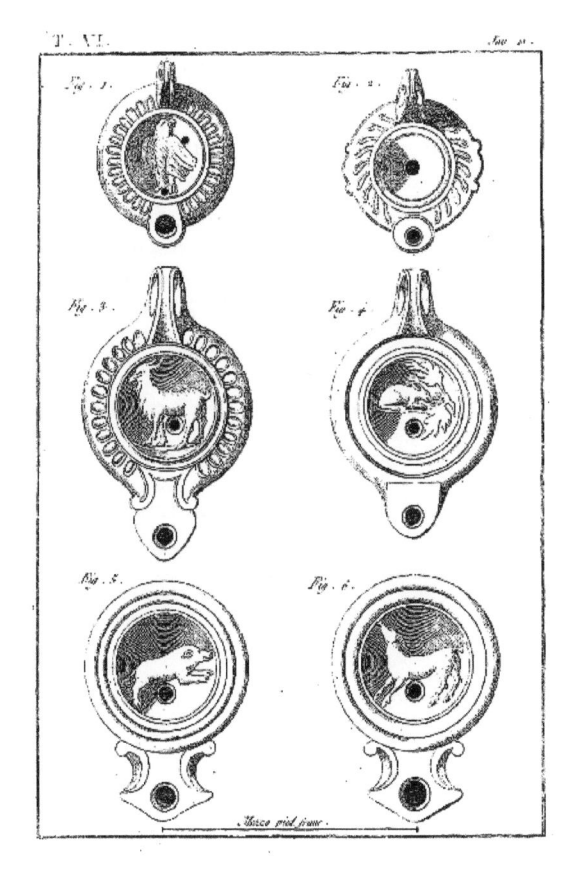

PLANCHE X.

(*P.* 17, 18, *t. VIII de l'Edition royale.*)

FIG. I. Nous ne reconnaissons point, avec les Académiciens d'Herculanum, une chouette dans l'oiseau imprimé sur cette lampe; c'est plutôt un épervier, emblême du Soleil, ou de la divinité d'Osiris. Cet oiseau pourrait encore être considéré dans une lampe, comme augural. Il avait été désigné comme tel, et placé au premier rang par Phœnomoë, prophétesse du temple de Delphes; on en tirait des augures pour les mariages et pour la prospérité des troupeaux (*Pline, liv. X, chap.* 8).

FIG II. Lampe remarquable seulement par l'entourage du médaillon et la finesse du travail.

Les quatre autres lampes ont pour ornement différentes figures d'animaux qui, comme victimes, peuvent être l'expression d'une dévotion particulière envers la Divinité, à laquelle chacun d'eux est consacré.

FIG. III. Une chèvre. On sacrifiait une chèvre blanche à Vénus populaire, et une chèvre noire Pluton. C'était aussi, suivant Servius, l'une des victimes qu'on offrait à Esculape.

FIG. IV. Un lapin mangeant un raisin. Comme dévastateur des vignes, cet animal était, ainsi que le lièvre, consacré à Bacchus; c'est ce qui est formellement exprimé dans cette épigramme de l'Anthologie (*VI, cap.* 7, *ep.* 7). «Je vis un lièvre couché dans une vigne consacrée à Bacchus, et mangeant le raisin. J'avertis le vigneron, et celui-ci d'un coup de pierre écrasa la tête à l'animal, et, le prenant, dit tout joyeux: J'offre à-la-fois à Bacchus, la victime et le dédommagement». Les lièvres et les lapins étaient encore consacrés Vénus, aux Amours et à Diane.

FIG. V. Un porc; c'était la victime particulière du dieu Silvain et des dieux Lares: on l'offrait aussi à Vénus, à Minerve, aux Dieux nuptiaux et à Priape.

FIG. VI. Un daim, animal consacré à Diane. Les daims et les chevreaux appartiennent encore Bacchus et à ses suivans, à cause de leur pétulance.

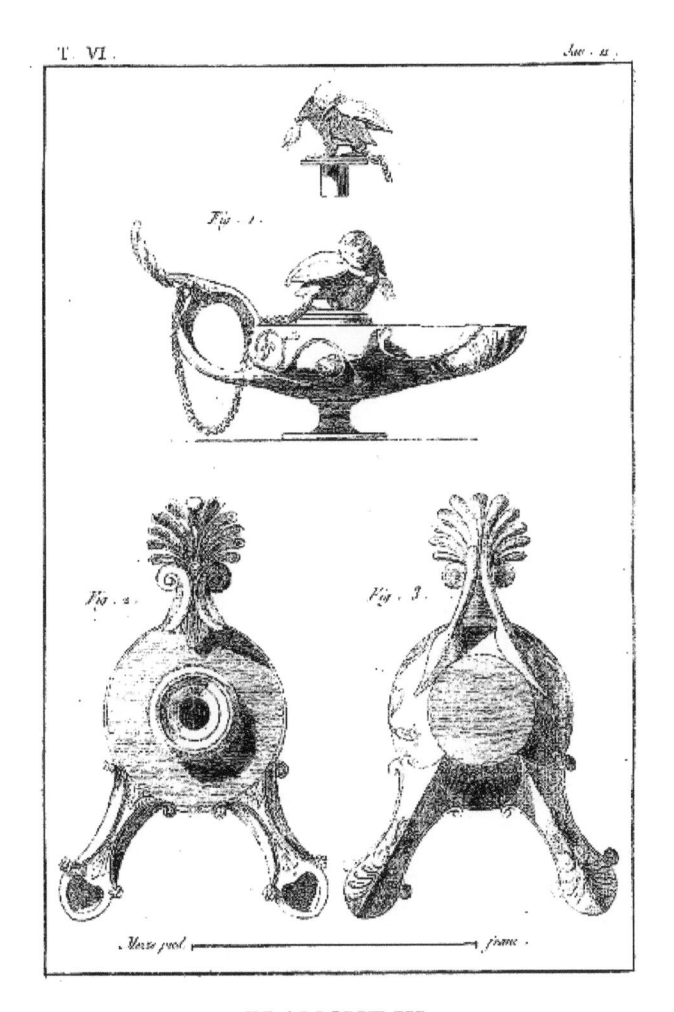

PLANCHE XI.

(*P.* 19 *de l'Edition royale.*)

FIG. I. Lampe de bronze à deux becs, d'une forme élégante et d'un travail précieux. Le corps de la lampe est orné d'arabesques; et l'anse, d'un feuillage en éventail. Il part de l'anse une petite chaîne qui vient se rattacher au pied de l'oie ou du cygne, groupé avec un petit génie prêt l'étouffer. Ce groupe, qui sert ici de couvercle, est, sans doute, l'emblême de la force de l'amour. La même action se trouve répétée dans plusieurs monumens antiques.

FIG. II et III. Ces deux dessins représentent les plans de la même lampe, pris en dessus et en dessous, en ôtant le bouchon orné du petit groupe.

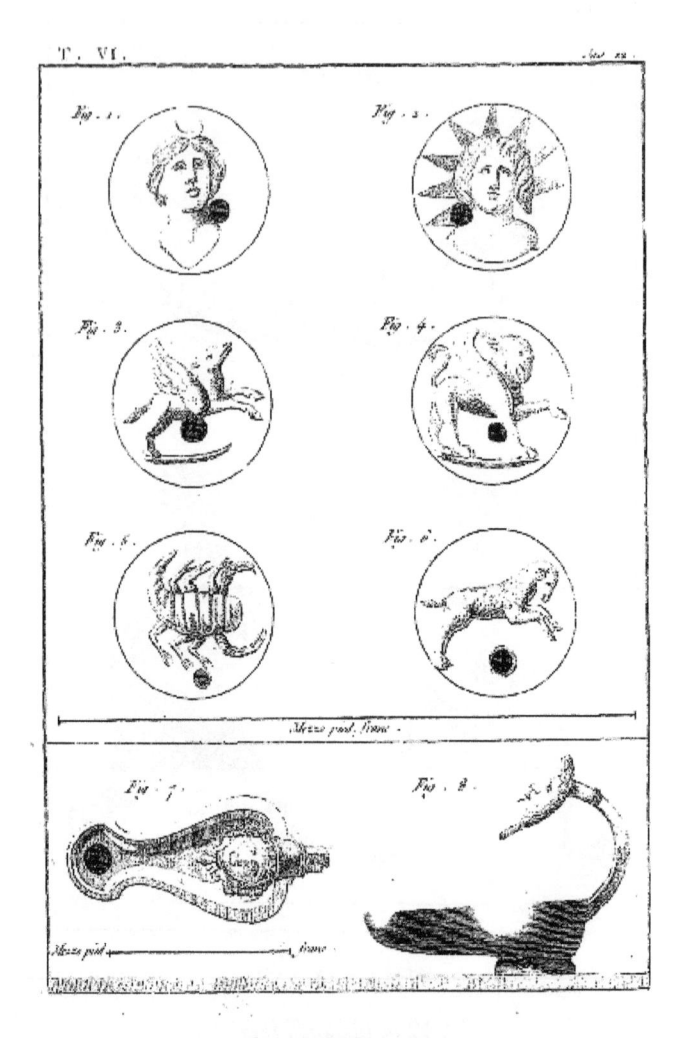

PLANCHE XII.

(*P. 22, 40, t. VIII de l'Edition royale*).

Six lampes de terre cuite, dont nous donnons les médailles seulement.

Fig. I et II. Diane ou la Lune caractérisée par le croissant, et Apollon ou le Soleil caractérisé par les rayons. Ces Divinités qui président à la lumière, ou leurs emblêmes, servent très-fréquemment d'ornemens aux lampes.

Fig. III. Un Pégase grossièrement exprimé. Cet emblême convient à la lampe d'un poète: si la lampe est sépulcrale, le cheval aîlé fait allusion au transport des âmes dans l'Olympe, comme on le voit, dans quelques médailles et dans quelques pierres gravées, exprimer l'apothéose: telle est la médaille d'Antinoüs, sur laquelle Mercure guide Pégase portant au ciel cet autre Ganimède (*Passeri Gemm. astrif. t. III, p.* 115); telle est encore la gemme, où l'on voit Drusus Germanicus s'élevant au ciel sur le cheval ailé (*Spanh. de us. et præest. Num. p.* 277).

Fig. IV. Griffon, emblême du Soleil ou d'Apollon, comme le démontre, sans parler d'autres.

Tome VI. LAMPES. monumens, la statue du musée Napoléon, salle des Saisons; cet emblème appartiendrait fort bien à un musicien. C'est ainsi que le Griffon que l'on voit dans un bas-relief de la villa Albani, désigne le talent de la femme d'un certain Hermias, à laquelle ce monument de la piété conjugale est consacré. (*Gaet. Marini. Marm. Alb.* p. 78).

Fig. V et VI. Une écrevisse et un bélier. On ne peut les considérer ici comme signes du Zodiaque: le bélier du Zodiaque est dans une attitude différente, et les anciens n'ont jamais donné la forme de l'écrevisse, mais toujours celle d'un crabe, au signe qui suit les gémeaux.

Fig. VII et VIII. Lampe de bronze en forme de barque, et vue de face et de profil; l'anse est ornée d'un beau masque tragique, dont l'épaisse chevelure est frisée en anneaux ou cannelures; d'où l'on disait, les cheveux ainsi arrangés, *calamistrati*.

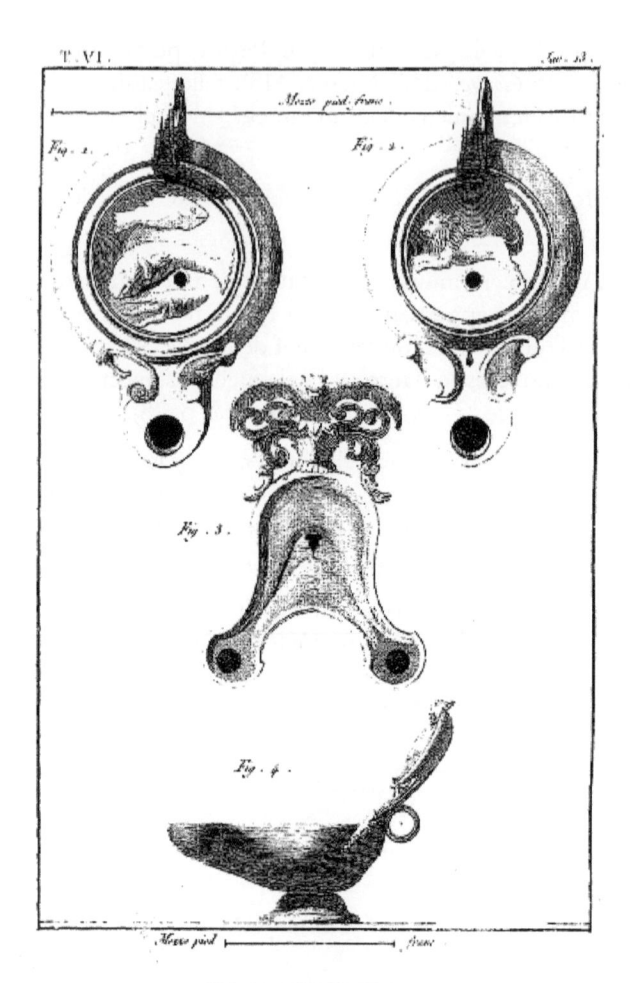

PLANCHE XIII.

(P. 23, *t. VIII de l'Edition royale.*)

Fig. I et II. Trois poissons et un lion courant. Le lion pourrait être considéré comme un signe du Zodiaque: il serait moins heureux d'en dire autant des trois poissons.

Fig. III et IV. Lampe de bronze. L'anse est ornée d'arabesques à jour, sur lesquels pose une chauve-souris, les aîles étendues. Le premier emblême qu'offre cet animal, est celui de l'approche de la nuit, et il est là comme pour avertir de chasser l'obscurité par la lumière des lampes. On pourrait encore voir, dans sa présence, une intention plus recherchée; il rappelle l'aventure des filles laborieuses de Minée, qui s'attirèrent le courroux de Bacchus pour avoir profané ses fêtes par le travail. Alors cette lampe devient sacrée, comme appartenant aux fêtes de Bacchus, et rappelant le respect qu'on doit à cette divinité. La chauve-souris peut encore servir d'emblème à l'amour du travail qui fuit le sommeil, ou bien à l'amour maternel; car cet oiseau étant le seul qui puisse offrir le lait à ses petits, il servait à exprimer dans les tableaux, la mère qui prenait ces tendres soins. Les lampes étaient au nombre des apophorètes, c'est-à-dire, des présens qui se faisaient dans les festins, aux saturnales et au nouvel an; et l'on peut penser que les personnes délicates savaient ajouter quelque prix à leurs dons par des emblèmes ou par des allusions ingénieuses.

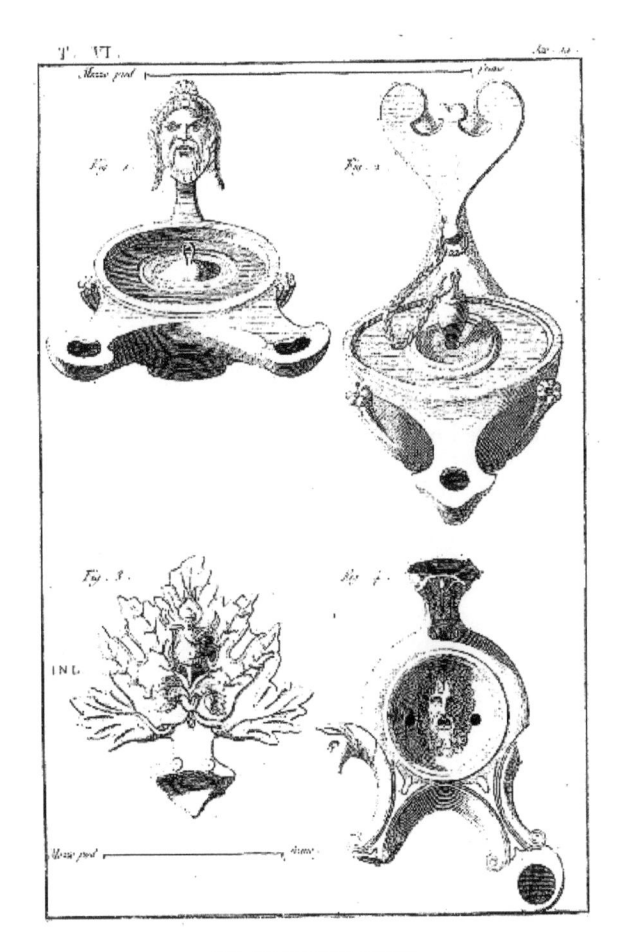

PLANCHE XIV.

(*P. 25, 26, t. VIII de l'Edition royale.*)

FIG. I. Lampe de bronze à deux becs. L'anse est surmontée d'un masque. La forme convexe du couvercle donnerait à penser qu'il servait à un double usage, c'est-à-dire, à éteindre la lumière: quelques personnes avaient coutume, par une sorte de superstition, de laisser les lampes s'éteindre d'elles-mêmes; mais l'odeur désagréable qui se répand après l'extinction, et dont la malignité, selon Aristote, va jusqu'à produire l'avortement, détournait les gens éclairés de cette pratique incommode et dangereuse.

FIG. II. Autre lampe de bronze, qui n'a rien de remarquable, si ce n'est le couvercle en forme de ces vases, dits *gutti* ou *infundibula*, servant verser l'huile goutte à goutte.

FIG. III. Cette lampe singulière prend sa forme principale d'une feuille de figuier, sur laquelle se déploient en arabesques des fleurs de lotus ou d'hyacinthe. Du milieu sort une demi-figure coiffée du bonnet phrygien, ayant à la main un *pedum* ou un autre instrument, et tenant des fruits dans le pli forme sur son sein, par la draperie qui descend de son épaule: il serait difficile de rapporter la figure avec précision à quelque Divinité connue. Peut-être a-t-on eu l'intention d'exprimer Atis, Le favori de Cybèle, entouré des productions de la terre.

FIG. IV. Cette lampe fracturée a pour sujet principal un masque scénique d'une grande beauté; les autres ornemens sont également finis et recherchés: on peut la ranger parmi les monumens bachiques. Les têtes de griffons qui paraissent aux côtés, conviennent à Bacchus; et, comme emblêmes du Soleil, désignent l'Orient, où le Dieu donna ses lois, et vit naître son culte.

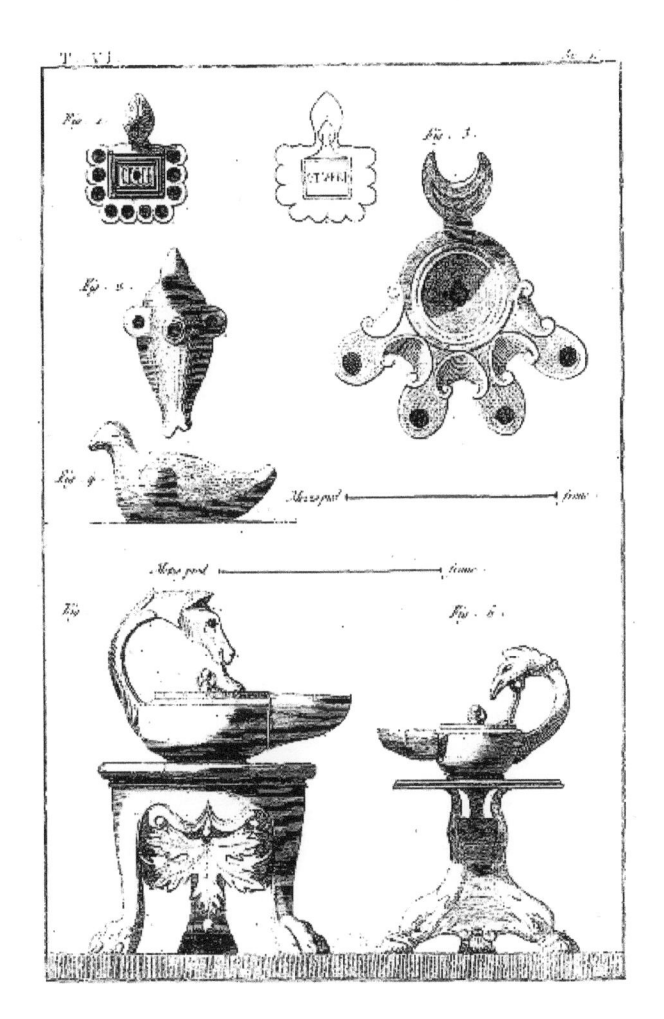

PLANCHE XV.

(P, 27, 69, *t. VIII de l'Edition royale.*)

FIG. I. Lampe de terre à dix mèches. Elle est d'une si petite proportion, qu'on ne peut supposer qu'elle a été mise en usage. On trouve, dans les cabinets des amateurs, divers ustensiles remarquables comme celui-ci, par leur petitesse; et l'on doit se rappeler à cette occasion qu'on faisait chez les anciens, ainsi que parmi nous, l'imitation en petit d'une infinité d'objets pour amuser les enfans; ces présens avaient lieu principalement le jour natal, de la part des parens, des amis et même des serviteurs. Les poètes comiques nous ont aussi conservé la mémoire de ces usages (*Plaut. Bud.* IV, 4, *v.* 110). L'inscription qui est sous la lampe porte *C. TV. PRI.* qu'on peut lire *Caius*

TVllius PRIscus ou *PRImitivus* ou *PRImus*; noms qui désignent, sans doute, le fabricant.

FIG. II. Lampe à deux mèches en forme de poisson.

FIG. II. Autre à quatre mèches, remarquable seulement par le croissant qui termine l'anse.

FIG. II. Autre en forme d'oiseau grossièrement exprimé. Un trou sur le dos servait à introduire l'huile; à la place des ailes sont les godets pour placer les mèches. On reconnaît une colombe dans cet oiseau, qui peut signifier que la lampe est une de celles consacrées aux veillées de Vénus.

FIG. II. Lampe de bronze. L'anse est ornée d'une tête de cheval; de la bouche part une chaîne qui se rattache à l'anneau d'un bouton fermant l'ouverture de la lampe; le support est un trépied à griffes de lion, orné d'une large feuille travaillée avec recherche.

FIG. V. Autre lampe de bronze, dont l'anse se termine en tête de griffon. Elle a pour support un trépied élégant, dont le motif est l'union de trois dauphins, ayant dans la bouche une conque marine, et soutenant un disque avec leurs queues.

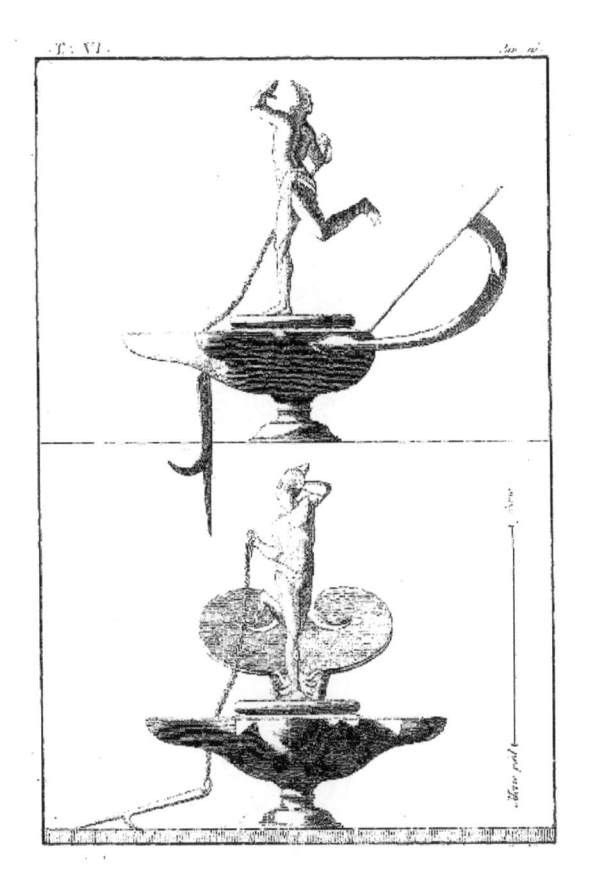

PLANCHE XVI.

(*P. 28, t. VIII de l'Edition royale.*)

Lampe de bronze à trois becs, représentée de face et de profil; son couvercle a pour ornement une figure qui se tient en équilibre sur un seul pied. Le bonnet pointu dont ce baladin est coiffé, était propre aux mimes et aux danseurs; il porte une espèce de ceinture ou plutôt de caleçon, dite chez les Romains *subligar* ou *subligaculum*; cette pièce de vêtement, que les hommes et les femmes employaient dans les bains, était particulièrement à l'usage de tous les acteurs, de peur que les yeux du public, dit Cicéron, ne fussent offensés par quelqu'accident contraire à la pudeur. Notre baladin tient dans sa main droite une chaîne où pend un instrument à pointe et à crochet, destiné à gouverner le lumignon. Le couvercle est tout-à-fait mobile, et la figure n'y tient elle-même que par une aiguille, et peut s'enlever à volonté. La lampe, ainsi ornée de la figure, paraît destinée à être posée sur un candélabre.

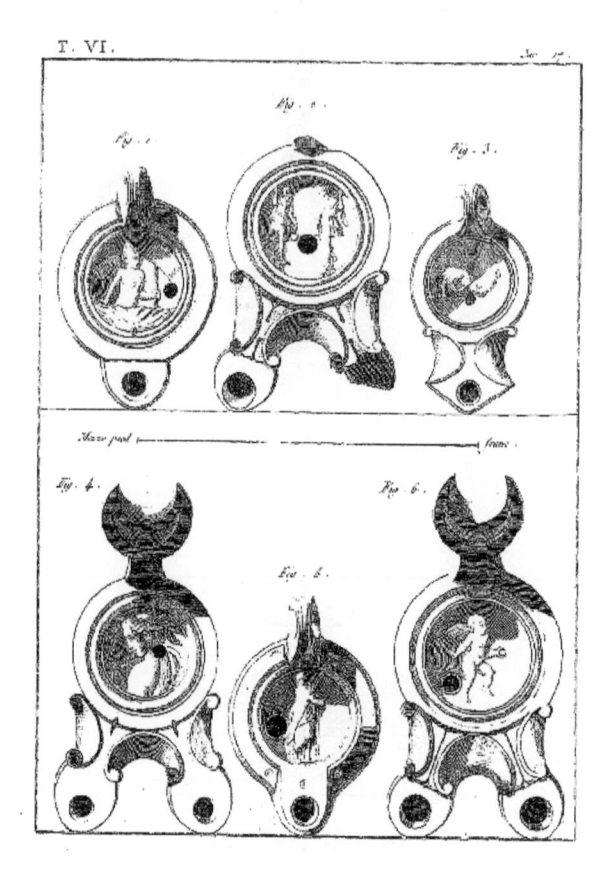

PLANCHE XVII.

(*P. 29, t. VIII de l'Edition royale.*)

FIG. I. Sur cette lampe, on voit un jeune homme aîlé et coiffé d'un bonnet pointu, tenant un objet qu'on a pris pour un instrument champêtre, mais qui pourrait être aussi une espèce d'étendard (*vexillum*).

FIG. II. Lampe à deux mèches, ayant pour ornement deux figures placées sur des piédestaux. Leur attitude est celle que nous avons considérée sur d'autres antiques, comme étant propre aux dieux Lares. Cette lampe était, sans doute, destinée brûler devant ces divinités domestiques.

FIG. III. On voit dans celle-ci une tête d'éléphant assez mal figurée, mais dont on distingue bien les défenses et la trompe. La tête d'éléphant peut être l'emblème d'une victoire ou d'une conquête.

FIG. IV. Lampe à deux mèches, caractérisée par le croissant et par la figure qui est celle de Diane, ou d'une nymphe de sa suite. La tête a une expression sévère; les cheveux négligés sont retenus par des bandelettes; l'épaule est nue; l'arc est traité avec le plus grand soin, et l'on remarque à l'extrémité, entre deux boutons, la place destinée à recevoir la corde.

FIG. V. Le personnage vêtu d'une ample draperie et armé de thyrse, donne à cette lampe un caractère bachique.

FIG. VI. Celle-ci, de la même forme que la quatrième, a pour sujet un Amour ou un Génie tenant deux pommes ou deux balles, trophées glorieux de la beauté, ou emblèmes des jeux de l'enfance.

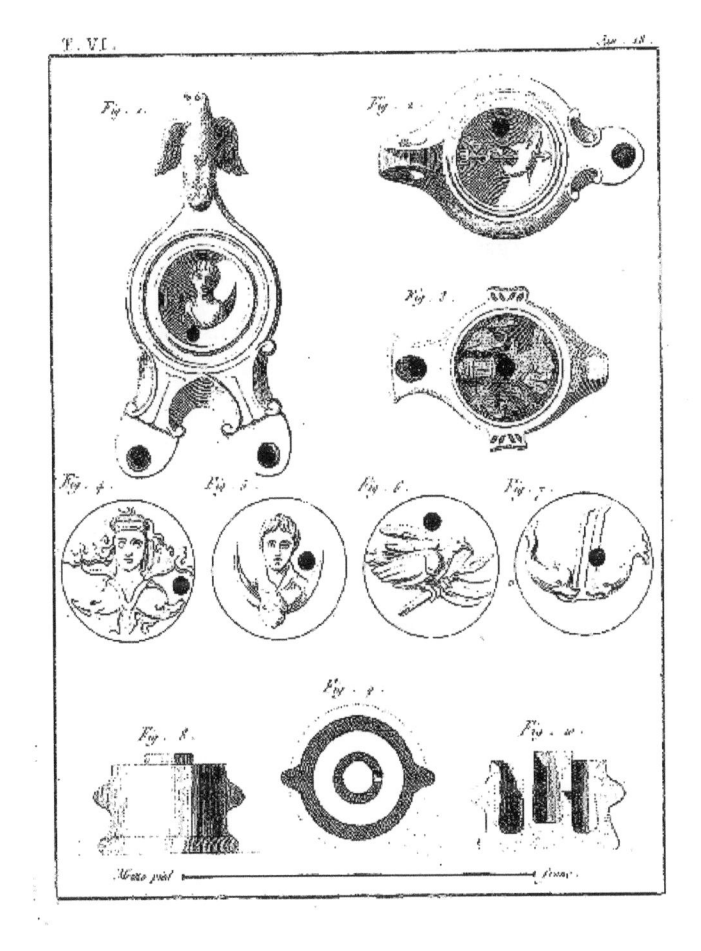

PLANCHE XVIII.

(*P.* 30, 31, *t. VIII de l'Edition royale.*)

FIG. I et V. Dans ces deux lampes, on remarque le buste d'un jeune homme ou d'une jeune femme, ayant derrière elle un croissant dont les pointes s'élèvent au-dessus des épaules. Dans la première, on voit de plus un aigle posant sur un globe, et levant la tête vers les cieux. L'oiseau de Jupiter ne laisse aucun doute sur le sens de cet emblème qui exprime une apothéose, dont le personnage demeure inconnu. Cet honneur n'appartenait point exclusivement aux Empereurs: de simples citoyens le recevaient de la piété et de la vénération de leurs proches. Les médailles représentent les âmes déifiées dans la Lune, parce qu'une opinion religieuse admettait que cet astre devenait leur séjour (*Buonarotti Med. p.* 44 *à* 46). Dans les médailles des deux Faustines, on voit la Lune au-dessous de la figure avec la légende *SIDERIBVS RECEPTA, reçue parmi les astres*. Ici la situation de la figure entre la Lune et l'aigle de Jupiter, semble exprimer que l'âme s'élève jusque dans l'Olympe. Les deux lampes peuvent se ranger dans la classe des lampes sépulcrales.

FIG. II. Le Dauphin entrelacé avec le trident, consacre cette lampe à Neptune. On peut en dire autant de la Fig. VII.

FIG. III. Un temple, deux dauphins et un dragon, ou monstre marin. Cette lampe pourrait être regardée comme un monument votif, consacré en reconnaissance d'un heureux voyage.

FIG. IV. Cette figure symbolique posant sur deux dauphins, ayant la tête chargée d'ornemens peu distincts, peut représenter quelque divinité marine. Au caractère sinistre imprimé dans ses traits, nous ne sommes point éloignés d'y reconnaître l'image de Scylla.

FIG. V. Un corbeau tenant une branche de laurier, emblême relatif à Apollon.

FIG. VIII, IX et X. Lampe, ou plutôt espèce de lanterne qui devait se compléter par une garniture mobile. Nous en donnons la vue, la coupe et le plan; le cylindre qui part du fond était destiné recevoir le lumignon, comme l'atteste l'orifice noirci par la fumée; l'huile s'introduisait par l'un des côtés, et se répandait par un trou dans le récipient principal.

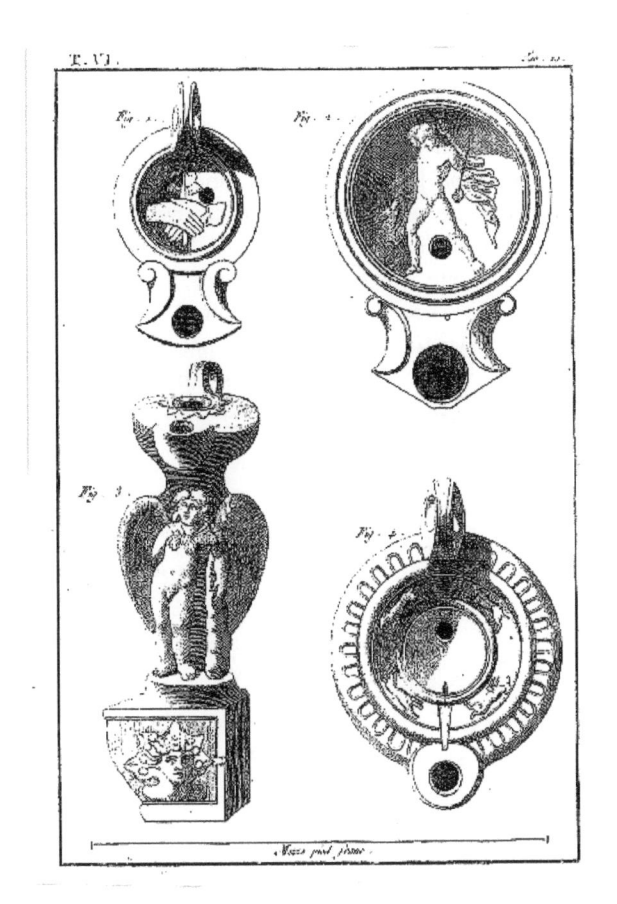

PLANCHE XIX.

(*P.* 32, 33 et 34, *t. VIII de l'Edition royale.*)

FIG. I. Cette lampe de terre, d'un dessin très médiocre, a pour sujet deux mains unies avec le caducée: c'est le signe bien connu de la concorde et de la bonne-foi. Ce symbole était devenu le plus usité pour exprimer l'alliance conjugale; après les guerres civiles, il servit d'étendard aux compagnies romaines, et l'on trouve souvent ce signe militaire sur les médailles avec l'épigraphe: *Concordia militum.*

FIG. II. Bellori (*par. II, pl. XXIV*), et Montfaucon (*tom. V, pl. CXXIV*), rapportent une lampe absolument semblable à la nôtre, à l'exception que la flèche, dont la forme est ici très distincte, paraît être un thyrse chez ces auteurs. Ils ont vu, dans ce jeune homme, un suivant de Bacchus, prêt à frapper, ou menaçant un chien, qui s'élance sur lui; l'instrument noueux et recourbé est plutôt un bâton de chasse qu'une massue héroïque. Il faut corriger les dessins de Santi-Bartoli, ordinairement inexacts, par le nôtre, et reconnaître dans ce sujet Actæon, qui se défend de ses propres chiens, aux yeux desquels il paraissait être un cerf. Un sarcophage de la villa Borghèse représente Actæon presque dans la même attitude.

FIG. III. Cette lampe en terre cuite est l'une des plus curieuses de la collection; posant sur une base, elle forme une espèce de candélabre. La figure principale représente le génie d'Hercule appuyé sur une massue; la peau du lion vient se nouer sur sa poitrine, et ses aîles étendues embrassent le corps de la lampe. La tête qui sert d'ornement à la base est un masque bachique orné de feuilles de vigne ou de lierre, avec des fleurs ou des corymbes. Hercule et Bacchus, dont la présence est ici rappelée par des symboles, sont deux Divinités souvent réunies dans le culte des anciens.

FIG. IV. Cette lampe, d'un travail médiocre, ayant pour ornement quatre chiens en course, appartient au culte de Diane.

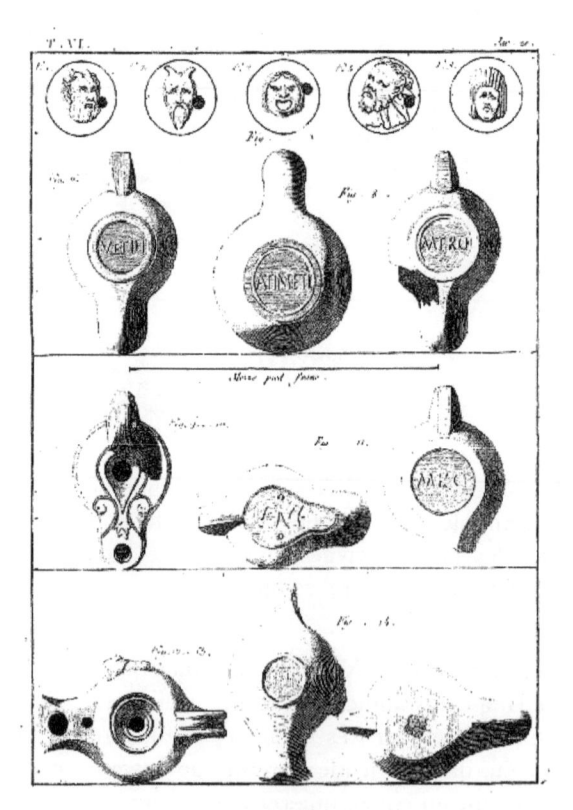

PLANCHE XX.

(P. 35, 36, t. VIII de l'Edition royale.)

Les cinq premières figures sont les médaillons d'autant de lampes.

FIG. I. Tête du dieu Pan, dont le caractère réside dans les cornes et les oreilles de bouc, et dans la barbe épaisse.

FIG. II. Masque de satyre.

FIG. III. Masque comique caractérisé par la largeur de la face, l'élévation des sourcils, et les cheveux roulés en couronne; coiffure propre aux valets sur la scène.

FIG. IV. Masque de faune ou de silène; il est groupé avec une draperie, comme les masques le sont très-souvent dans les ouvrages de l'art.

FIG. V. Masque tragique, comme on le voit par l'expression larmoyante et la chevelure en tresses relevées sur le front, et pendantes sur les côtés. La bouche fermée semble indiquer que c'est le masque d'un danseur, ceux des histrions ayant ordinairement la bouche ouverte.

Les masques scéniques, dans les monumens funéraires, font allusion à la brièveté de la vie dans laquelle nous ne faisons qu'un rôle éphémère; les masques de faunes, de satyres et des Divinités champêtres, rappellent aussi les jouissances passagères que la mort inattendue vient terminer. Les anciens regardaient ces images multipliées comme un avertissement continuel de mettre à profit, pour la sagesse ou pour les plaisirs, les instans rapides et sans retour.

FIG. VI à XIV. Sept lampes, dont deux sous les nos IX. et X, XII et XIII, sont représentées en deux dessins: ces lampes ne sont remarquables que par les inscriptions exprimées en relief sur le fond. On trouve ordinairement dans ces petits monumens, les noms au second cas, comme *VETILI*, *ATIMETI*, et il faut sous-entendre *ex officinâ, ex figlinâ*... de la fabrique ou de la tuilerie d'un tel. *ATIMETI* est un surnom; il en est de même de *CELSI* écrit en grec: *VETILI* et *TITIN*, c'est-à-dire *Titinni*, sont des noms de famille. Les deux autres inscriptions, nos VIII et XI, sont moins claires, et pourraient contenir des abréviations. La dernière lampe porte pour signe l'empreinte de deux pieds humains, où l'on voit les inscriptions PVI et PVR. On a trouvé dans les fouilles d'Herculanum plus d'une vingtaine de lampes, avec l'empreinte de deux pieds ou d'un seul. On peut, avec quelque raison, considérer cette marque comme une espèce de cachet. On connaît des anneaux qui se distinguent par le même signe; c'est particulièrement le symbole de la possession et de la propriété: les lettres qui l'accompagnent en complètent le sens, en indiquant un nom, comme *Publius VIbius PURpuratus*, ou tout autre qui s'accorderait avec les mêmes initiales.

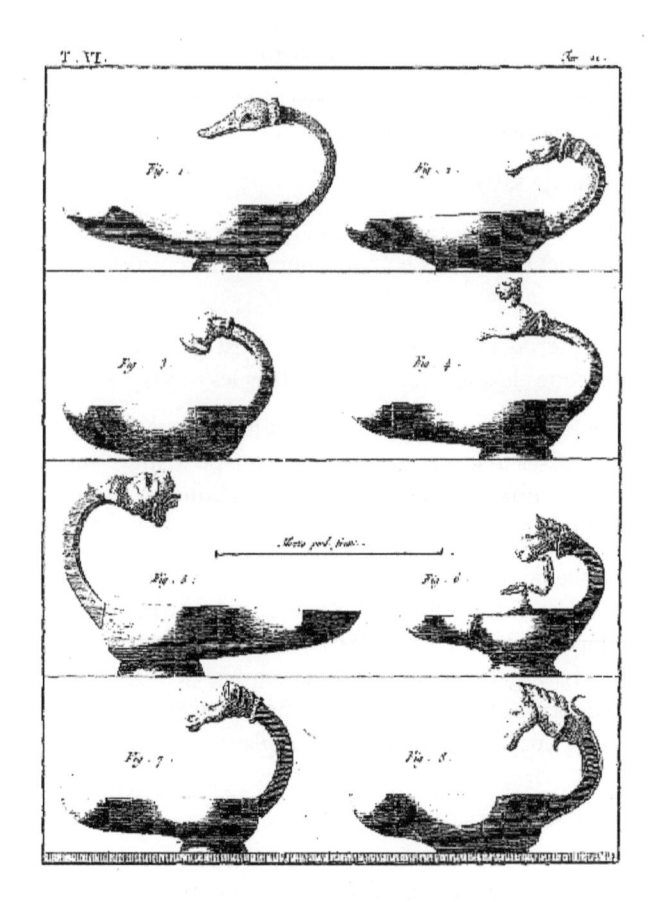

PLANCHE XXI.

(*P. 38, 39 et 40, t. VIII de l'Édition royale.*)

Huit lampes de bronze, chacune de la même forme, avec une anse recourbée qui se termine par des têtes d'animaux. Ces figures peuvent exprimer une dévotion envers les Divinités auxquelles chacune d'elle est consacrée. Ainsi, le cygne se rapporte à Vénus, le cheval à Neptune, le dauphin au même Dieu ou à Apollon, la panthère à Bacchus, le lion à Cybèle. Le roi des animaux peut encore rappeler les exploits d'Hercule, ou s'offrir comme symbole de la force.

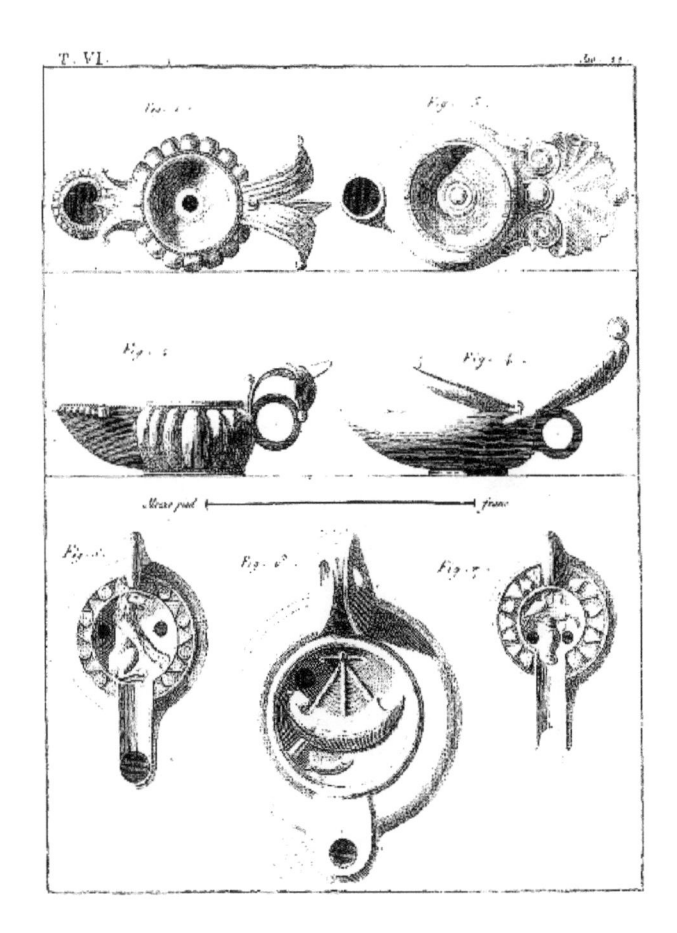

PLANCHE XXII.

(P. 44, 45, t. VIII de l'Édition royale.)

FIG. I et II. Lampe de bronze vue de face et de profil, d'un beau travail et d'une forme élégante.

FIG. III et IV. Autre lampe de bronze, avec un couvercle à charnière. Le principal ornement est une coquille qui forme l'anse; on y voit aussi deux pommes: ces divers emblèmes conviennent au culte de Vénus.

FIG. V. Lampe de terre, comme le sont les deux autres. Le médaillon, orné d'un bel entourage, représente un lion à crinière flottante, assis pacifiquement comme un chien: ce lion peut offrir l'emblème de la modération.

FIG. VI. On voit sur cette lampe un vaisseau, dont la proue est ornée d'une tête de panthère. Les anciens se plaisaient presque toujours à donner aux proues des vaisseaux la forme d'un animal, et c'était de-là que le navire tirait quelquefois son nom. Le petit bateau qui accompagne le bâtiment est de la même forme.

FIG. VII. Cette lampe, assez semblable pour la forme à celle du n°. V, a pour ornement deux colombes posées sur les anses du même vase, et becquetant ensemble le même fruit ou la même feuille. Ces deux oiseaux semblent offrir l'emblême de l'union conjugale, dans laquelle tous les biens sont en commun. Ce symbole se rencontre fréquemment dans les monumens sépulcraux.

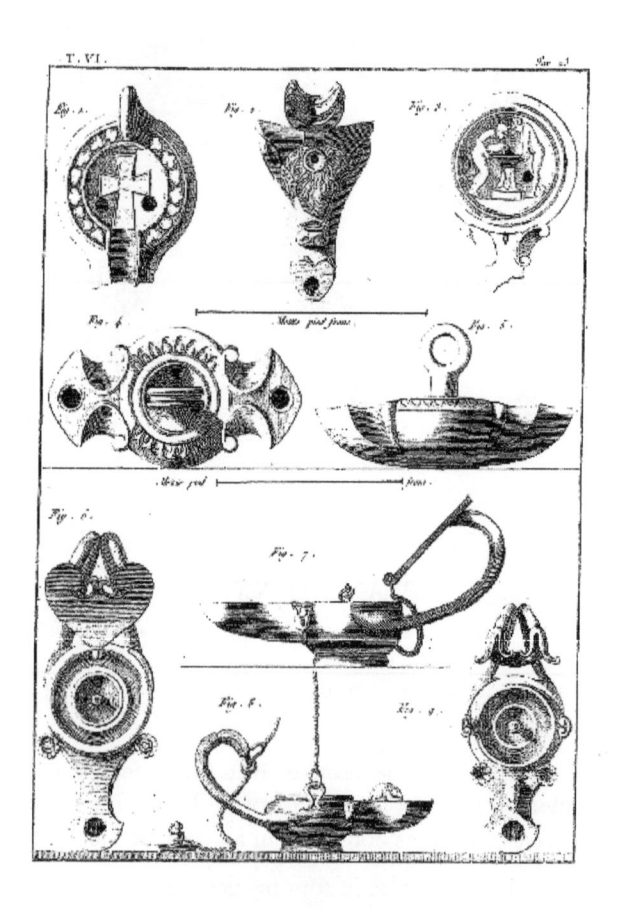

PLANCHE XXIII.

(P. 47, 48 et 49, *t. VIII de l'Édition royale.*)

FIG. I. Cette lampe de terre fracturée a pour entourage une couronne de feuilles, et porte au milieu du médaillon une croix enrichie de divers ornemens, comme seraient des pierreries: ce même signe se retrouve sur cinq lampes publiées par Arringhi (*Rom. Sotterr. lib. III*, 22), et sur trois autres rapportées par Delachausse (*Mus. Rom. sect. V, tab. I et seq.*). Il ne reste aucun doute que la croix représentée sur ces lampes ne soit le symbole du christianisme, qu'il ne faut pas confondre avec d'autres symboles égyptiens qui ont avec celui-ci quelque ressemblance. Le frêle monument que nous publions, trouvé dans les fouilles de Pompéia, serait l'un des plus anciens du christianisme, si l'on pouvait supposer que l'existence de cette lampe a précédé la destruction d'Herculanum par le Vésuve; mais c'est une circonstance dont il est permis de douter. M. Dutheil a lu l'Institut une savante dissertation, où il a prouvé que ces mêmes lieux ne cessèrent pas d'être habités dans les âges suivans, quoique les villes détruites n'aient jamais recouvré leur première splendeur, et que les traces en aient presqu'entièrement disparu sous les villes qui leur ont succédé. Ce fait expliquerait comment des monumens plus modernes peuvent se trouver confondus sous des ruines avec ceux des villes antiques de la Campanie.

FIG. II. Lampe de terre d'un travail grossier, ornée d'un croissant et d'une tête de bœuf, dont cet ustensile emprunte toute la forme. Cette lampe peut offrir l'emblême des grands sacrifices, ou plutôt se rapporter au culte égyptien d'Isis, dont le croissant est le symbole, et à celui du bœuf Apis.

FIG. III. Le bas-relief de cette lampe exprime deux figures nues penchées sur un cratère à hauteur d'appui; l'une, versant l'eau d'un vase dans le bassin, est sans contredit une esclave, tandis qu'on reconnaît dans la seconde la maîtresse attentive à l'exécution de ses ordres: il s'agit sans doute ici de soins relatifs à la toilette.

FIG. IV et V. La même lampe en deux dessins; elle est à deux lumières opposées; du milieu s'élève une anse avec un œil pour la suspendre.

FIG. VI et VII. Lampe de bronze en deux vues; elle est d'un bon travail; l'anse est formée par deux branches qui embrassent le flanc, et viennent se réunir à une feuille de lierre en éventail, d'où pend une chaîne avec le bouchon servant de couvercle.

FIG. VIII et IX. Autre lampe de bronze d'une forme à-peu-près semblable, garnie de trois chaînes pour la suspendre. Sur la partie supérieure, on remarque un rat qui s'avance vers le lumignon; ce qui exprime ingénieusement l'avidité de ces buveurs d'huile, dont Minerve, dans la guerre des rats et des grenouilles, poëme attribué à Homère, refuse d'embrasser la cause, «parce que, dit-elle, ils me font de grands dégâts, qu'ils mangent mes couronnes, et rongent mes lampes pour en avoir l'huile».

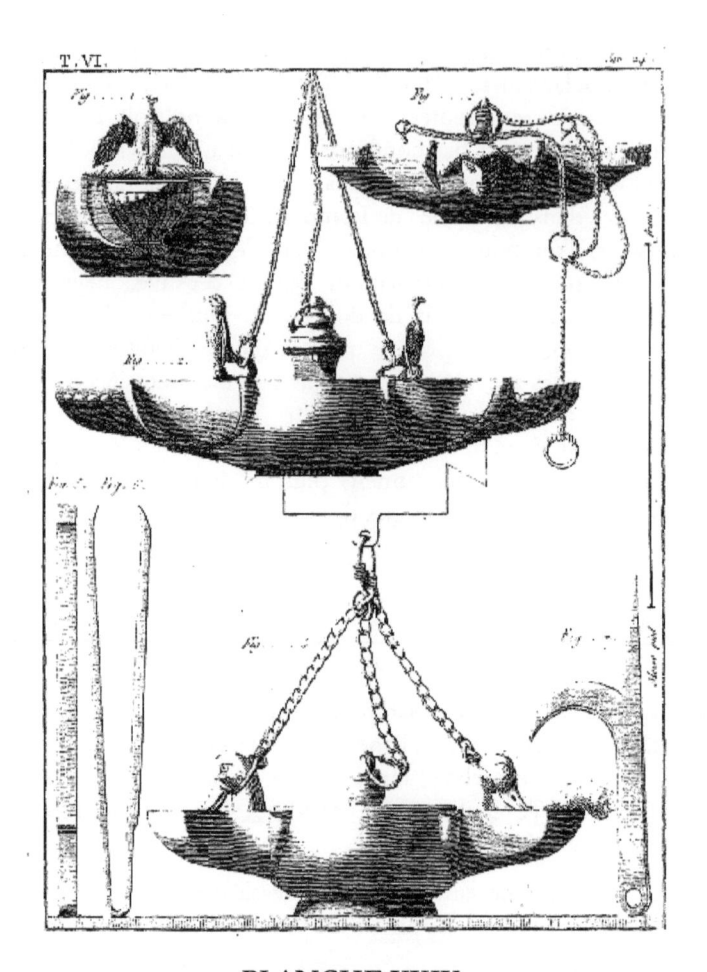

PLANCHE XXIV.

(*P.* 51, *t. VIII de l'Édition royale*).

Belle lampe de bronze à trois becs. Les trois dessins en offrent la vue sous deux aspects, avec la coupe au trait de l'un des trois becs, jusqu'au milieu du corps de la lampe. Les ornemens en sont recherchés et d'un travail élégant; ils consistent en trois masques et en guirlandes de feuillage tressées avec des bandelettes; trois chaînes qui s'attachent à chaque bec servaient à la suspendre; une quatrième chaîne s'attache le bouton qui ferme le trou du milieu.

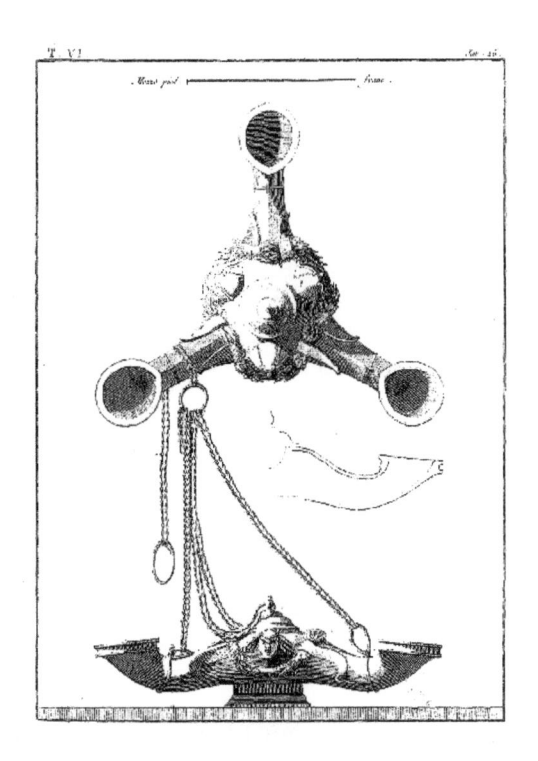

PLANCHE XXV.

(*P. 50, 52, t. VIII de l'Édition royale.*)

FIG. I et II. Lampe de bronze garnie de chaînes pour la suspendre, représentée en deux dessins; elle est à deux becs, dont chacun est surmonté d'un aigle, les ailes étendues, et tenant la foudre dans ses serres, emblême qui semble annoncer que cet ustensile est consacré à Jupiter.

FIG. III. Autre lampe de bronze à deux becs, ornée d'un masque sur les deux faces, et garnie de chaînes.

FIG. IV. Lampe de bronze d'un bon travail; dans l'un des becs, est un lumignon trouvé avec la lampe même. La conservation d'une substance aussi périssable, intacte après un laps de dix-sept siècles, est une singularité qui rend ce monument extrêmement curieux. Il est vrai que ce lumignon n'a point été trouvé à la place qui lui convient, et où il est représenté; il était renfermé dans l'intérieur de la lampe, et la lampe se trouvait hermétiquement fermée par la cendre qui s'était condensée autour du bouchon et dans les ouvertures. La privation de l'air extérieur, et surtout de l'humidité, a permis, comme l'on sait, l'entière conservation d'objets très-corruptibles, sur-tout quand ces objets étaient renfermés dans des corps métalliques, ou quand ils y étaient adhérens; ainsi on a trouvé des bonnets de laine dans des casques de bronze, des morceaux de bois tenant à des poignées de métal, et des monnaies de bronze retenant encore la toile qui les enveloppait. La matière du lumignon est de lin non filé, mais en étoupe tortillée en deux branches, comme une corde imparfaite. Le lin paraît avoir été la matière le plus constamment employée à cet usage, dans une antiquité très-reculée. La culture du coton, très-anciennement en vigueur sur les confins de l'Égypte et de l'Arabie, suivant le témoignage de Pline (*L. XIX, I*), ne s'était guère répandue en Europe que quelques siècles après cet écrivain, par le moyen des Arabes qui l'introduisirent en Espagne. On se servait encore pour les lampes, de *papyrus* et de bouillon-blanc. Le chanvre était d'un usage très-commun, mais il servait plus particulièrement pour les lanternes, où le lumignon devait avoir plus de fermeté.

FIG. V et VI. Pincettes dont on se servait pour gouverner le lumignon.

FIG. VII. Crochet faisant office de mouchettes.

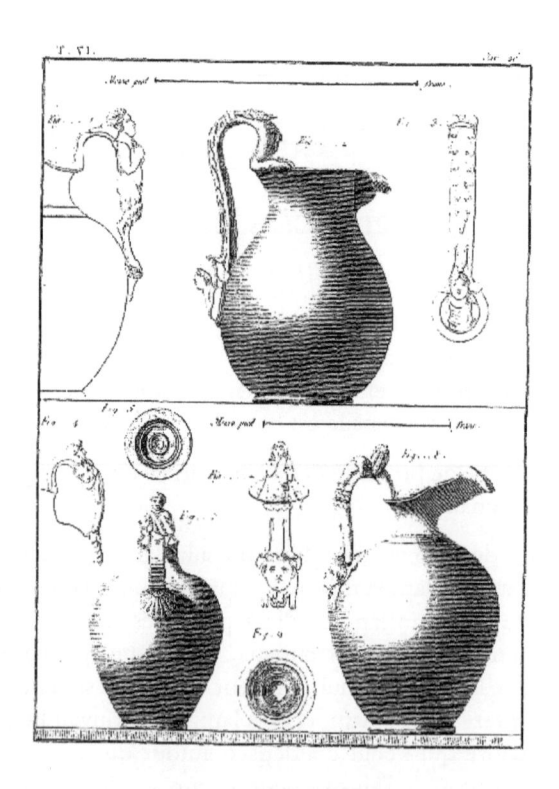

PLANCHE XXVI.

(*P. 53, 54, t. VIII l'Edition royale.*)

Les vases de bronze que nous donnons ici, nous ont paru appartenir au service des lampes, comme destinés à contenir de l'huile. En consultant les ornemens, on trouve cependant à ces vases un caractère bachique; nous nous bornons à en donner la description sans rien affirmer sur leur emploi.

FIG. I. Ce dessin, au trait, offre le profil d'un vase pris du côté de l'anse, qui, dans celui-ci comme dans les suivans, fait le principal ornement. Cette anse est formée par la figure d'un jeune satyre posant sur un panier de raisin, et tenant dans chacune de ses mains une branche qui va, par-dessus son épaule, s'unir au bord du vase. Le corps du vase est absolument semblable à celui qu'on remarque sous le n° VII.

FIG. II et III. Ce vase est plus simple dans sa forme et dans ses ornemens que le premier. L'anse est formée par une branche contournée, ornée de feuillures: elle se termine par un médaillon, d'où sort une tête de jeune homme, coiffée du bonnet phrygien.

FIG. IV, V et VI. L'anse de ce vase a pour sujet un Hermès d'Hercule, proprement dit *Herméracle*, et se termine par une coquille. Le Dieu est sans barbe: la peau du lion est jetée sur son épaule, et ses bras sont enveloppés dans sa draperie. On rencontre des herméracles pareils exécutés en marbre: le musée Napoléon en possède plusieurs.

FIG. VII, VIII et IX. Sur l'anse de ce vase est encore appliqué un Hermès offrant la figure d'un jeune suivant de Bacchus; ce demi-Dieu joue avec un lièvre, animal qui se trouve souvent dans les sujets bachiques. Les autres attributs qui terminent l'anse sont aussi tous bachiques; c'est le masque d'un jeune faune appliqué sur une peau de panthère dont on voit pendre les pattes.

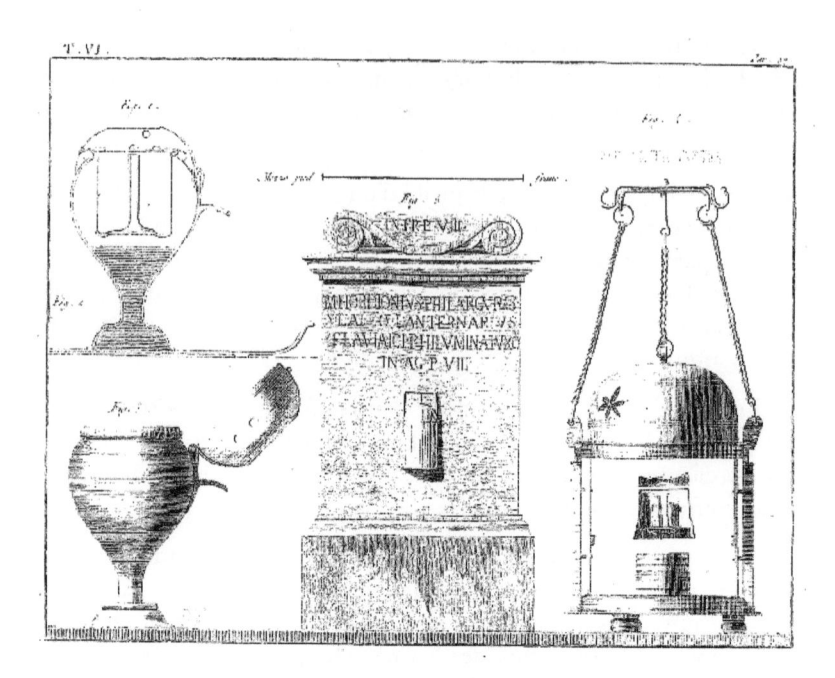

PLANCHE XXVII.

(*P. 55, 56, t. VII de l'Edition royale.*)

FIG. I, II et III. Coupe et profil d'un petit vase destiné à recevoir une lumière, dont l'effet était modéré par un couvercle à charnière, percé de plusieurs trous; cette lampe était une espèce de veilleuse. Sur le côté, on voit une petite anse. L'intérieur est rempli de plomb jusqu'à la hauteur désignée par la teinte, dans le premier dessin; ce qui donne au vase une assiette solide. Le cylindre indiqué dans la coupe est de laiton; il est mobile, et faisait, dans le vase, office de lampe. Le trait, n°. II, est celui d'un bassin, dans lequel on plaçait le vase par une attention de propreté.

FIG. IV. Ce dessin représente une lanterne portative de forme cylindrique, et faite de cuivre jaune; les montans sont de métal fondu; le fond est soutenu par trois pieds en forme de boule. Le cercle supérieur est couronné par une calotte percée de quelques trous: cette calotte est mobile à volonté. Pour porter la lanterne fermée, la main devait embrasser les deux branches d'où pendent les chaînes, et qui servent de poignée. Pour ouvrir la lanterne, on élevait la branche supérieure qui faisait monter le couvercle par le moyen du clou qui joue dans la première branche, et de la chaîne attachée à ce clou. Sur le plateau du fond, pose la petite lampe de forme cylindrique: nous en donnons la coupe qui fait voir le lamperon où se plaçait le lumignon. Sur le sommet du couvercle, est une inscription en caractères pointés, que nous répétons au-dessus du dessin d'une manière plus lisible, quoique les lettres mal formées ne permettent pas de la déchiffrer parfaitement. On peut lire *TIBURTI CATUS, Tiburtius Catus*, et ces noms peuvent être ceux du fabricant. Si on lit *TIBURTI CATIS*, il se présente deux sens différens: l'un serait *TIBURTI CATI Sum, j'appartiens à Tiburtus Catus*; ce qui ne s'éloigne pas de la coutume qu'avaient les anciens d'indiquer de cette manière le maître d'objets ou d'êtres de nature à s'égarer; on trouve de semblables inscriptions sur des colliers de chiens, de cerfs et d'autres animaux, sur ceux même qu'on mettait au cou des esclaves; l'autre sens serait *TIBURTINUS CATI Servus, Tiburtinus esclave de Catus;* et ce *Tiburtinus* (nom d'esclave, rapporté par Gruter DCCCLXXXIV, n°. II), aurait eu l'emploi particulier de porter la lanterne devant son maître, *lanternarius* ou *lampadarius servus*. La lanterne se trouve ici destituée de l'enveloppe transparente qui devait la compléter, comme le désignent précisément les deux bandes de métal fixées par des attaches à une petite distance des montans, et une pareille bande circulaire qui règne sur le fond. La matière le plus communément employée à cet usage paraît avoir été la corne; de-là vient que Plaute désigne une lanterne par le mot même de *cornu* (*Amph. act.* I, I. 185). Pline dit à ce sujet que la meilleure corne était celle que donnait une espèce de bœufs sauvages qu'il nomme *uri* (*l. XI.* 37). On ne manque point non plus d'autorités prises dans les écrits des anciens, pour avancer qu'on entourait encore les lanternes avec la peau des vessies, ou avec d'autres membranes, ainsi qu'avec de la toile frottée d'huile. On pourrait même soupçonner que la propriété du verre, adaptée au même usage, n'a pas été ignorée des anciens. Le premier des écrivains qui parle des fenêtres de verre, est Lactance, qui florissait sur la fin du troisième siècle: sans entrer à cet égard dans aucune discussion, nous nous contenterons de rapporter une autorité qui parle avec plus de force, c'est-à-dire, la conservation de quelques morceaux de verre trouvés à une fenêtre dans Pompéia, et déposés au musée de Portici.

FIG. V. Nous ne suivons pas les académiciens d'Herculanum dans leurs recherches sur la véritable étymologie du mot *lanterna*, mais nous rapportons avec eux, comme très-curieux, quoiqu'étranger à la collection d'Herculanum, un monument trouvé dans un village près de Capoue: on voit par l'inscription, qu'il a été érigé par un certain *Marcus Hordionius Philargurus Labeo* lanternier, à son épouse *Flavia Claudia Philumina*; outre le titre bien exprimé de la profession, *LANTERNARIUS*, on en trouve encore sur le monument le signe bien distinct, une petite lanterne entourée de son enveloppe.

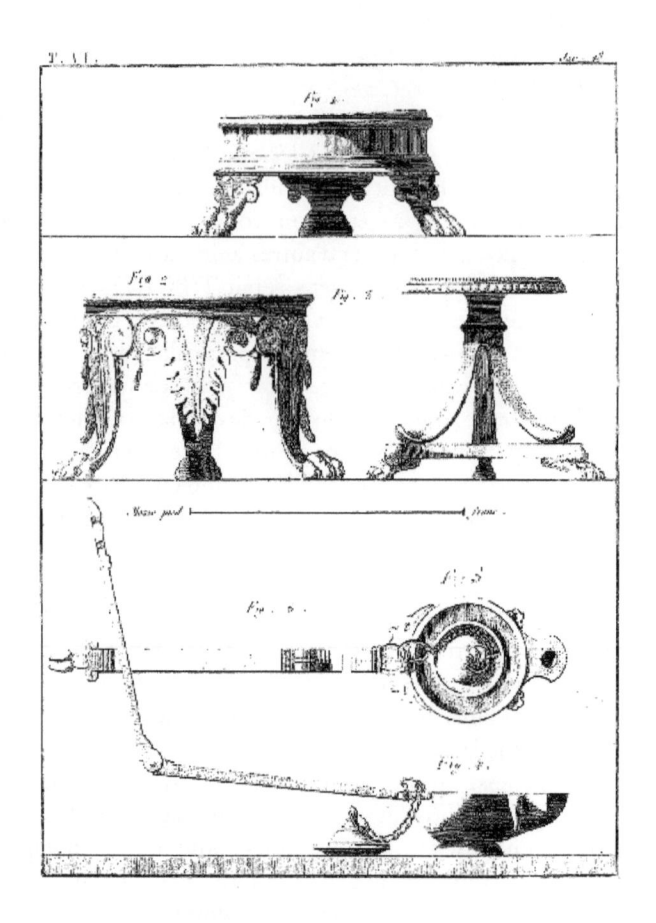

PLANCHE XXVIII.

(*P*. 55, 58, *t. VI de l'Edition royale*).

FIG. I, II et III. Trépieds en bronze qu'on peut regarder comme destinés à servir de support à des lampes. Nous n'avons rien à faire remarquer dans ces trois pièces, que les ornemens; la gravure les expose avec clarté.

FIG. IV, V et VI. Lampe de bronze à une seule mèche; elle est remarquable par la queue pliante qui sert à la porter; la première partie de cette queue naît à la réunion de deux têtes d'oiseaux qui s'appliquent à la lampe; la seconde partie se termine en patte de lièvre; se pliant en dessus, elle s'arrête en dessous sur l'alignement de la première, qu'elle rencontre à angle droit.

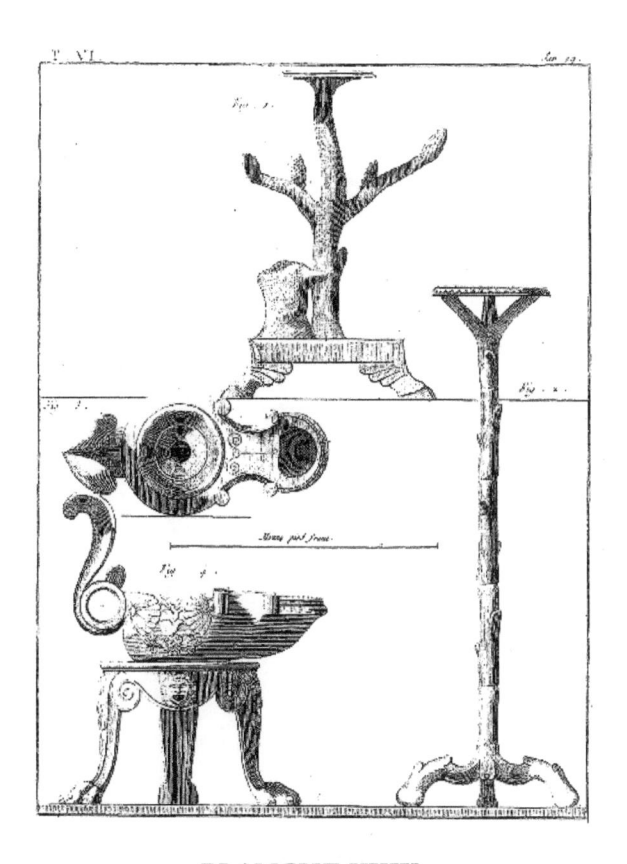

PLANCHE XXIX.

(*P. 61, t. VIII de l'Edition royale.*)

FIG. I. Lampadaire en bronze; il prend sa forme de deux troncs d'arbres qui s'élèvent sur une plinthe quarrée, portée par des pieds de bœuf; sur le sommet du tronc principal, est posé un disque ou plateau destiné à recevoir la lampe.

FIG. II. Autre lampadaire de bronze avec son plateau; sa forme est prise d'une canne à nœuds, se divisant par le bas en branches qui font trépied.

FIG. III et IV. Lampe de bronze d'un très beau travail, avec des ornemens recherchés. Elle pose sur un support en forme de trépied à griffes de lion, et orné de mascarons sur chaque face.

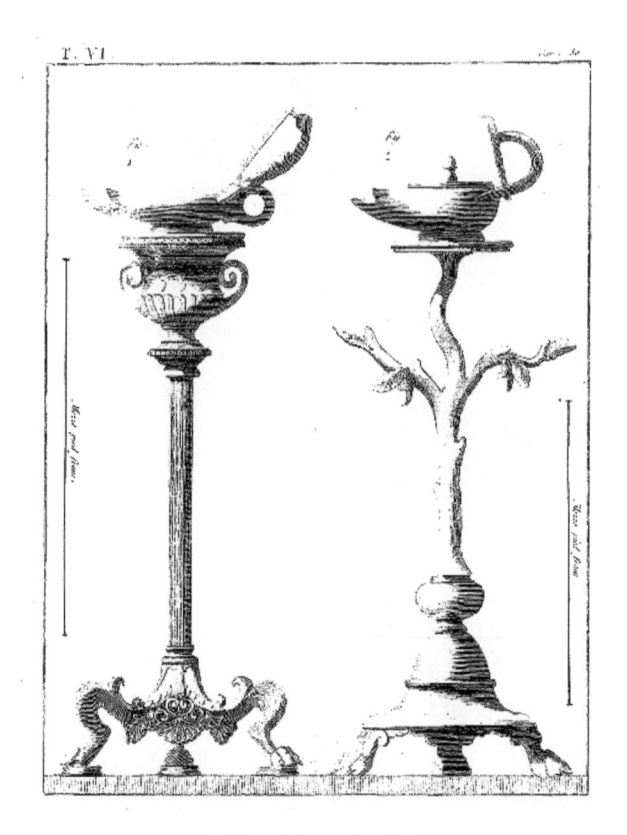

PLANCHE XXX.

(*P. 62, 63, t. VIII de l'Edition royale.*)

FIG. I. Le support de cette lampe peut être mis au nombre des candélabres; c'est une colonne cannelée élevée sur une base; la base est formée de trois pattes de lion, et les pattes sont unies par un ornement en arabesques et des coquilles; le chapiteau est de fantaisie; dessus pose un vase à deux anses, lequel porte la lampe dont le couvercle est levé: le tout est de bronze et d'un travail élégant.

FIG. II. Autre Lampe avec son support; il est formé d'un tronc d'arbre, orné de quelques feuilles et de glands. Le socle est fait au tour, et pose sur un trépied à griffes de lion.

PLANCHE XXXI.

(*P. 64, tome VIII de l'Edition royale.*)

Une figure grotesque sert de principal motif ce lampadaire; c'est une espèce de Silène, dont la physionomie, le geste et l'attitude ont une expression comique et théâtrale. Il a pour tout vêtement un court manteau jeté sur ses épaules; sa chaussure est le socque orné d'une languette; le perroquet perché au milieu des deux branches, n'est point sans rapport avec l'expression ridicule du personnage. Chaque branche du candélabre se termine par un plateau destiné à supporter les lampes. La figure pose sur une base quarrée à trois degrés, qui a pour support des griffes de lion, montées chacune sur de petits socles ronds.

PLANCHE XXXII.

(P. 65, *tome VIII de l'Edition royale.*)

Ce lampadaire a pour motif le tronc d'un chêne dépouillé et divisé en cinq branches, d'où pendent autant de lampes, toutes d'une forme assez simple. L'arbre est élevé sur une plinthe rectangulaire, ayant pour support des griffes de lion.

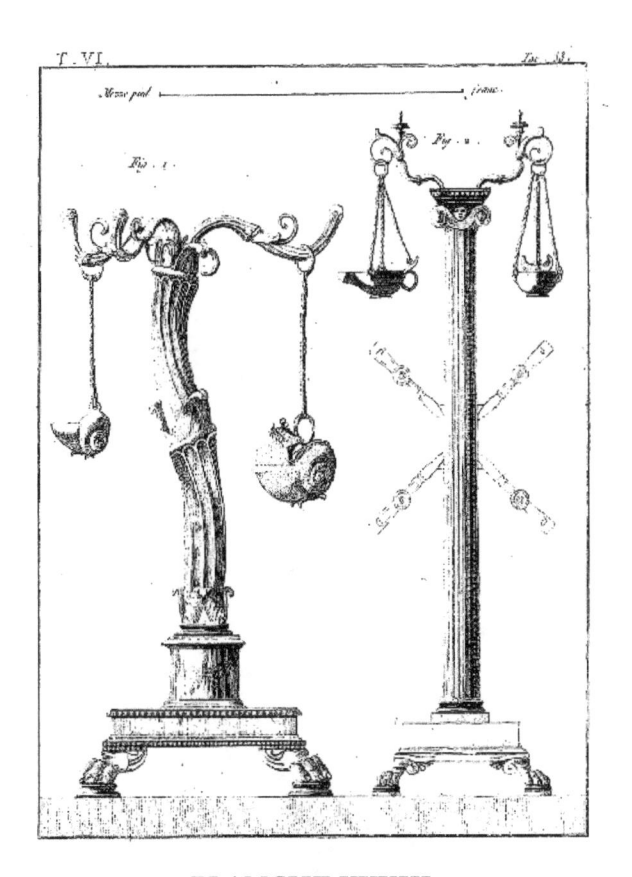

PLANCHE XXXIII.

(P. 66, 67, *t. VIII de l'Edition royale*).

FIG I. La tige de ce lampadaire emprunte sa forme des plantes bulbeuses dont elle imite l'élégante souplesse dans ses contours. Les deux lampes, dans leur forme bizarre, imitent des limaçons, dont l'un est à moitié sorti de sa coquille. Ce n'est pas sans une sorte de convenance que cet insecte est ici rapproché d'une espèce de végétaux qui se plaisent dans les terrains humides. Le socle représente, en quelque sorte, un autel, étant entouré d'un feuillage en festons et orné d'un crâne de bœuf. La plinthe à griffes de lion est d'un travail précieux; sa surface est enrichie d'arabesques damasquinés en argent, comme le sont les ornemens de l'autel. Un semblable lampadaire pourrait être consacré à la nymphe d'une fontaine.

FIG. II. Cet autre lampadaire, d'un travail également beau, est d'un style plus sévère. Une colonne cannelée en fait le motif. L'ornement du chapiteau tient par ses volutes à l'ordre ionique: mais il ne faut point chercher dans ces compositions de fantaisie, les proportions et les règles de l'art. Les artistes usaient sans réserve, dans ces sortes d'ouvrages, du droit de s'abandonner à leur imagination. Au milieu des volutes est un masque comique, et du sommet du chapiteau partent quatre rameaux en arabesques, qui servaient suspendre les lampes. Le dessin n'en montre que deux; le plan du chapiteau fait voir la distribution de tous les quatre.

PLANCHE XXXIV.

(*P. 69, tome VIII de l'Edition royale.*)

Ce lampadaire offre une composition agréable et animée. Sur une base quadrangulaire s'élève une colonne cannelée en spirales, qui ont peu de profondeur. Sur le chapiteau pose une tête couronnée d'une branche de lierre avec ses corymbes; c'est celle d'un esclave barbare caractérisé par les moustaches: elle sert elle-même de lampe, comme le montre le dessin pris de profil. On introduisait l'huile par le sommet, et de la bouche sortait le lumignon. Près de la colonne, sur un socle rond, est un enfant d'une expression naïve et dans une attitude gracieuse; dans le pouce de sa main gauche est passé un anneau qui réunit trois chaînes, deux servent à suspendre une lampe; à la troisième, qu'il relève de la main droite, pend un crochet propre à gouverner le lumignon. Cette seconde lampe prend sa forme d'un masque scénique orné de pampres.

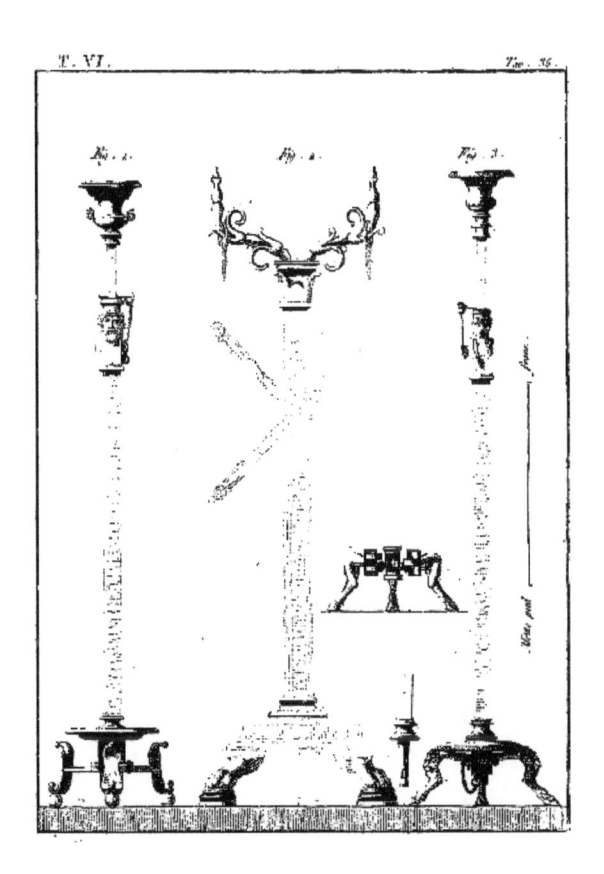

PLANCHE XXXV.

(P. 68, 70 et 71, t. VIII de l'Edition royale.)

FIG. I et III. Ces deux candélabres sont remarquables par leur mécanisme qu'on saisira facilement à l'inspection du dessin. Le pied est formé par trois traverses horizontales qui se démontent volonté. Le fût du candélabre pose sur un plateau qu'il traverse par un tenon fixé en dessous à l'aide d'une cheville; à partir de sa base, le fût s'élève en forme de pilastre, surmonté d'un Hermès à deux faces. Un vase faisant chapiteau pose sur la tête de chaque

Hermès; ce vase couronné d'un plateau, où doit être placée la lampe, s'élève et s'abaisse volonté, au moyen d'une tige qui joue dans le pilastre, et qu'on arrête à la hauteur convenable avec une clef. La figure qui sert d'ornement au premier candélabre est celle de Jupiter; on la reconnaît au diadême et à la barbe épaisse et majestueuse. Au revers, la tête se fait remarquer par les cornes de Jupiter Ammon. L'Hermès de l'autre candélabre est celui de Persée, comme peut le faire penser la tête de Méduse et un instrument crochu qui représenterait la harpé. Sur l'autre face, le buste porte les attributs ordinaires du fils de Maïa, la bourse et le caducée.

FIG. II. Lampadaire en forme de pilastre. La surface de la plinthe qui sert de base, est ornée d'arabesques damasquinés en bronze même. Il est à remarquer que, dans ce lampadaire comme dans tous les autres, et comme le démontre le dessin de la planche précédente, la tige n'est point située au milieu de la base, mais à l'une des extrémités; cette précaution avait, sans doute, pour but de ménager en avant une table commode, où l'on pouvait poser les vases à l'huile, ou d'autres ustensiles nécessaires au service des lampes.

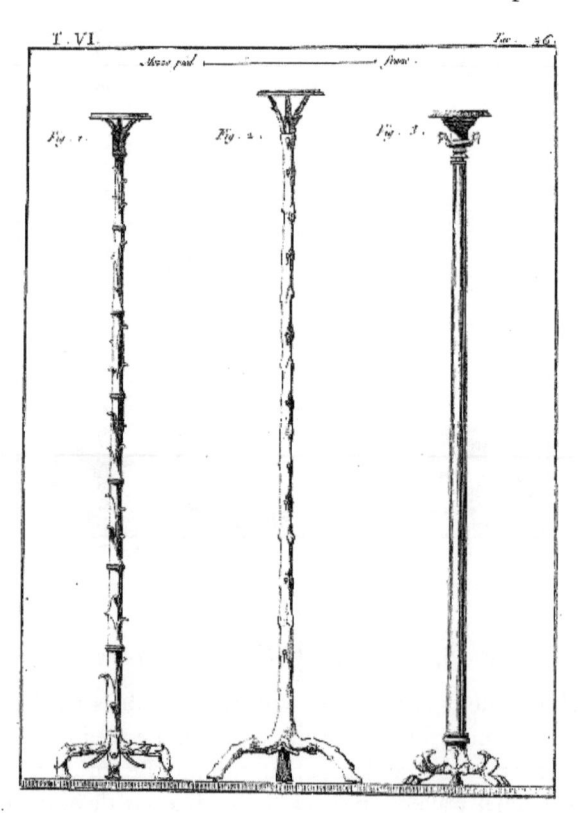

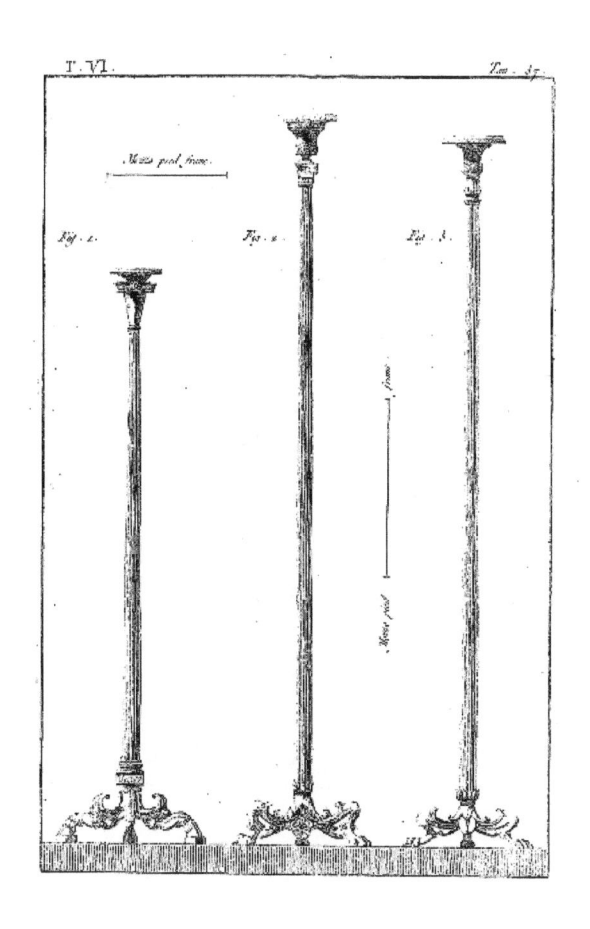

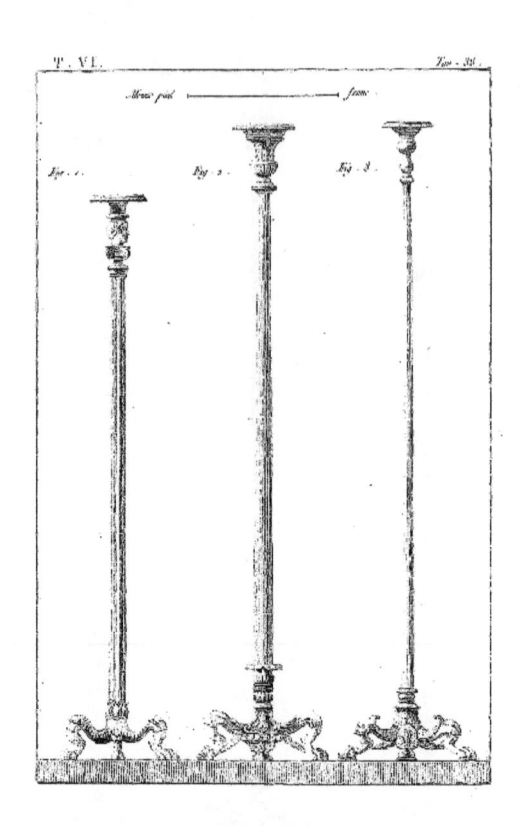

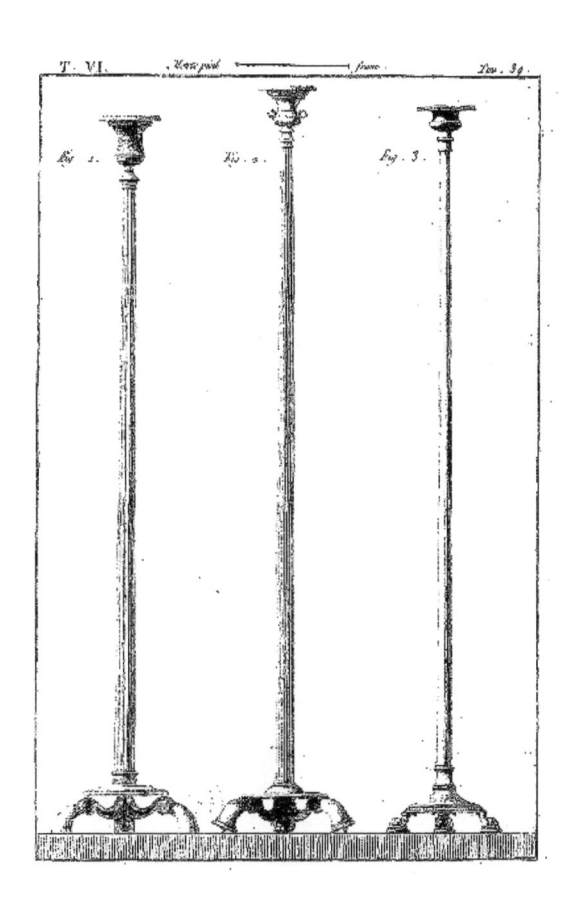

T. VI. Tav. 50.

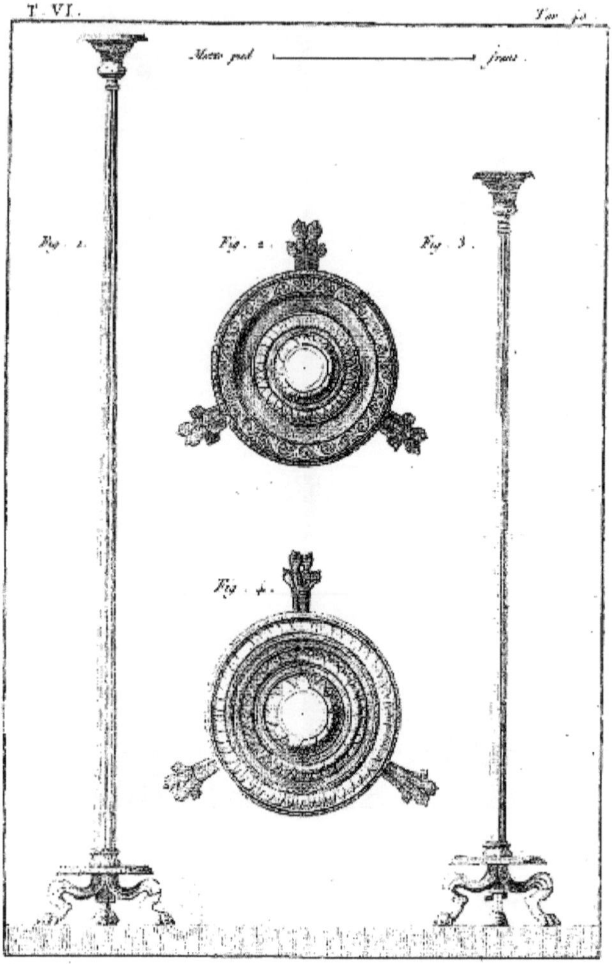

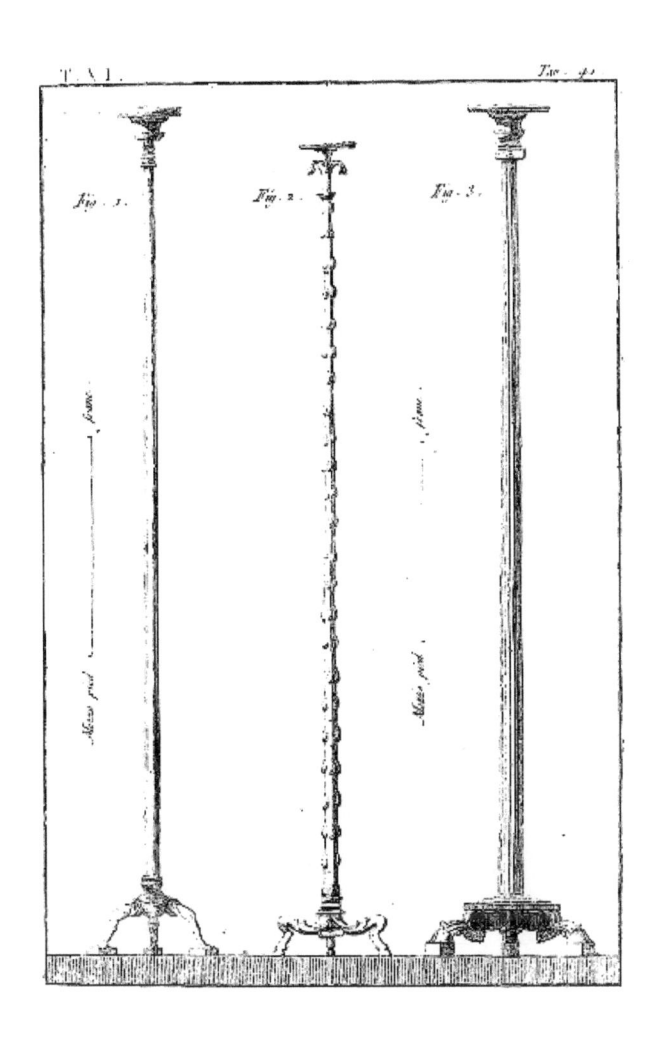

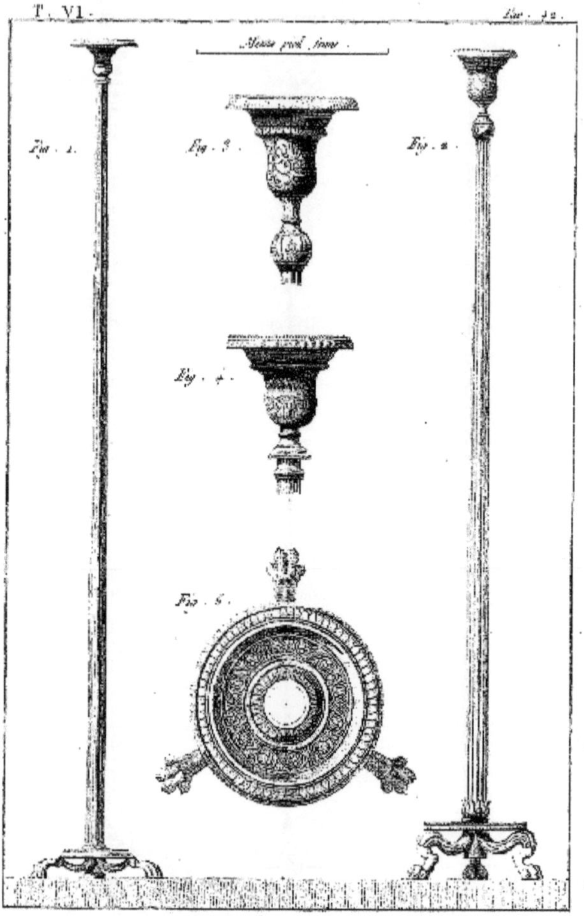
T. VI.
Fig. 3.
Fig. 2.
Fig. 4.

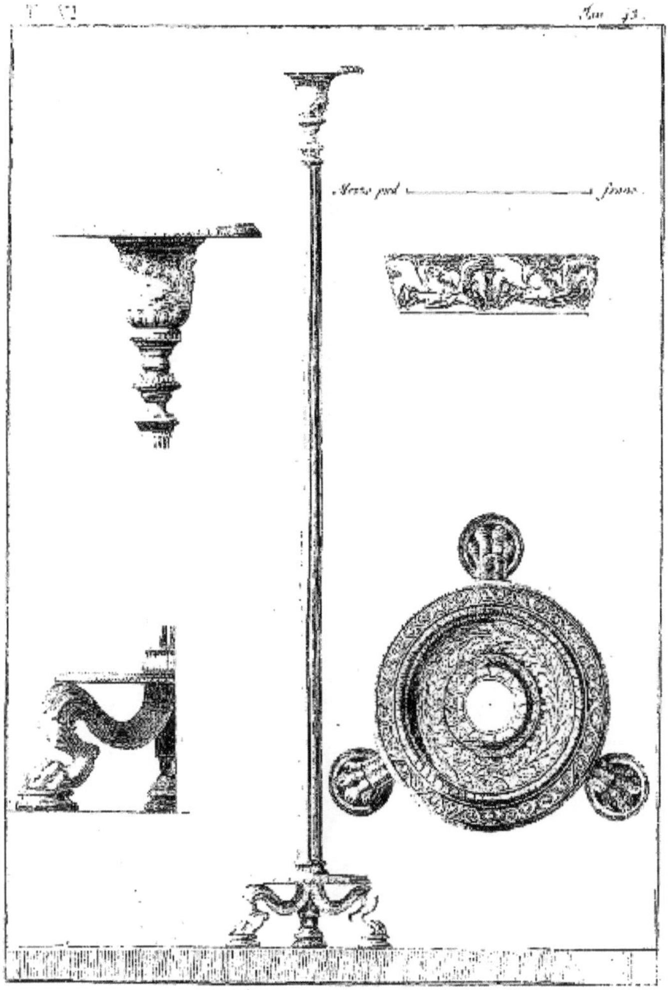

T. VI.

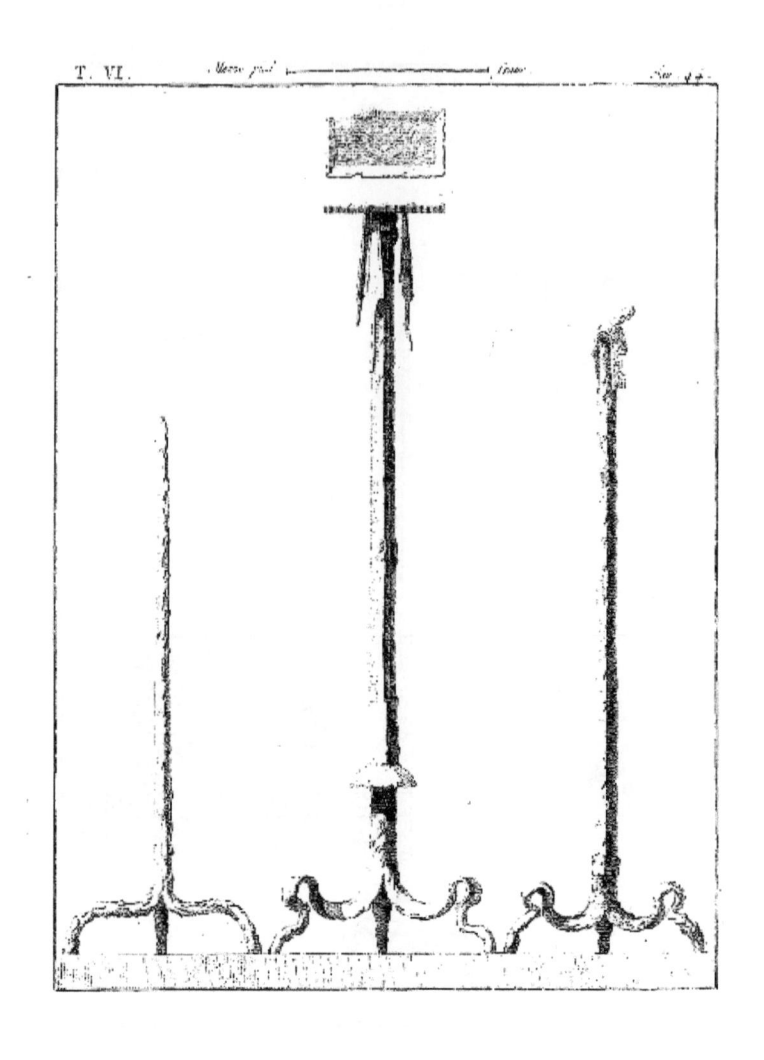

PLANCHES XXXVI—XLV.

(P. 72, 93, t. VIII de l'Edition royale.)

Nous avons précédemment désigné, par le nom de *lampadaire*, les instrumens propres à porter à-la-fois plusieurs lampes, suspendues: ces ustensiles ont le plus souvent la forme d'un tronc d'arbre, auquel on n'a laissé que quelques branches dépouillées de leurs feuilles. Cette invention nous offre l'imitation des arbres consacrés à un semblable usage, dans les fêtes champêtres. Les *candélabres* destinés à porter une seule lumière ont une forme plus noble, mais qui doit sans doute aussi son origine à quelque usage familier. Le trait qui distingue particulièrement le candélabre est la canne ou le roseau qui servait à porter la pomme de pin ou la torche allumée: on a fixé le roseau dans le trépied qui la recevait momentanément; on a couronné la tige d'un disque, d'un calice ou d'un chapiteau. L'art s'est ainsi emparé d'une forme grossière; mais en l'embellissant, il a conservé la grâce qu'elle empruntait à la nature; dans le candélabre le plus orné, quelque chose rappelle toujours sa naissance. Souvent là tige est une colonne cannelée; imitation d'un faisceau de cannes.

Si c'est une colonne lisse, sa légèreté s'éloigne de la proportion mâle de l'architecture. Peu-à-peu le luxe a déployé des ornemens plus recherchés; le disque destiné à porter la lampe a posé sur un chapiteau: celui-ci a pris la forme d'un vase, et le vase a reçu tous les ornemens qui lui conviennent; il a été embelli de feuilles de chênes et d'acanthe, de pampres, de bas-reliefs saillans, ou de travaux délicats à très-bas-relief. Ces ornemens furent prodigués sur la coupe et sur le disque, et jusque sur la cimaise de la tige. La richesse du travail ajouta encore un nouveau prix à l'élégance; le disque reçut de l'emploi des métaux, l'agrément des couleurs. Sa surface damasquinée offrit des feuillages et des arabesques rendus avec la délicatesse qui appartient à la peinture. Les pieds des candélabres eurent aussi des ornemens plus recherchés. La tige sembla naître d'une touffe de feuillage. Le trépied fut formé avec les pattes et les griffes de divers animaux, mais sur-tout du lion. Des feuilles interposées avec goût entre l'embranchement des pattes, servirent à les lier avec grâce: on sauva aussi la nudité de leur union, en y appliquant des roses ou des masques. Ce pied n'offrait pas un champ assez vaste pour recevoir beaucoup d'ornemens, il fallut y ajouter un disque dont le travail répondit à celui de la partie supérieure. On ne peut, de toutes ces observations, déduire une règle générale pour la composition des candélabres; il faut les ranger parmi les ouvrages qui permettent beaucoup la fantaisie et au goût de l'artiste. Un exemple récent prouve le parti qu'on peut tirer des beaux modèles de l'antiquité, en les appliquant à nos usages modernes; nous voulons parler des candélabres de fonte qui décorent le pont du Louvre, et qui servent, en supportant des lanternes, l'éclairer pendant la nuit.

Les candélabres que nous publions, quelqu'élégans qu'ils soient, étaient d'un usage familier: l'art à porté plus loin ses inventions et la beauté d'exécution dans ceux qui étaient consacrés aux usages religieux. On peut voir ce que l'antiquité nous a laissé de plus admirable en ce genre, dans les œuvres de J.-B. Piranesi, et dans le *Musée Napoléon*, récemment publié par ses fils à Paris. M. Visconti, dans son musée *Pio-Clementino*, donne des notions très-intéressantes sur ces monumens religieux, dont nous n'avons point à offrir de modèles dans notre collection. Nous revenons donc aux candélabres dont nous avons exposé les dessins. Ils sont de bronze, à l'exception d'un très-petit nombre qui sont de fer; les ornemens sont de bas, ou très-bas-relief, sortis du jet de la fonte presqu'entièrement finis; en sorte qu'il a fallu peu de travail pour les polir. On ne trouve guère la trace de l'outil que dans les reliefs très-bas dont la tranche demandait à être marquée avec plus de profondeur. Pline nous apprend que les fabriques les plus célèbres étaient celles de Tarente et de l'île d'Égine. En commentant le passage de cet écrivain (*lib. LXIV*), il paraît que les premières excellaient pour la beauté de la forme; et les secondes, pour la délicatesse et le fini des ornemens: il serait difficile de décider auxquelles de ces fabriques il faut attribuer nos candélabres. Nous avons déjà parlé d'une magnifique habitation voisine d'Herculanum, dont le possesseur avait pris plaisir rassembler une grande quantité d'ouvrages de l'art des Grecs: c'est là qu'on trouva la plus grande partie des statues, et presque tous les bronzes de notre collection; c'est là aussi qu'on a trouvé ceux des candélabres dont le pied est couronné d'un disque. Cette circonstance pourrait faire penser qu'ils sont d'un travail grec, et plutôt des fabriques d'Égine, que de celles de Tarente.

La *pl. XLV* représente les chapiteaux de divers candélabres, dont nous ne donnons ni le fût, ni le pied, attendu que ces parties n'offrent qu'une répétition de ce qu'on voit dans les autres planches. (*XVIII, XIX*), et à l'aide des rapprochemens fournis par les connaissances des machines en usage de nos jours, parvenir à donner une idée des pressoirs qui complètent le cellier à l'huile de Stabie; c'est ce qu'on a essayé dans le plan *pl. XLIX*. Les renvois de ce plan suffiront pour le faire comprendre. Les voici en deux colonnes; dans la première, nous les exprimons en latin pour être plus agréables à ceux de nos lecteurs qui voudraient suivre le texte de Caton.

A	Pavimentum torcularii.	Pavé du cellier.
B	Pavimentum inter binos stipites.	Pavé entre les deux poteaux.
C	Parietes.	Murailles.
D	Vasa instructa juga II.	Vases accouplés.
E	Trapetes.	Meules.
F	Areæ.	Aires.
G	Canales.	Rigoles.
H	Lacus.	Bassins où se rendait l'huile.
I	Fora cum foraminibus.	Cuves avec des trous, où l'on mettait égoûter les olives triturées avant de les jeter sur le pressoir.
K	Arbores.	Arbres jumeaux, ou un seul arbre fendu dans lequel descendait la poutre.
L	Stipites.	Poteaux.

M	Trabes planæ.	Madriers.
N	Trabeculæ vel tigni.	Soliveaux ou aiguilles.
O	Præla.	Poutre ou grand arbre du pressoir.
P	Laigulæ prœlorum.	Languettes des poutres.
Q	Sucula cum senis foraminibus.	Treuil à six trous.

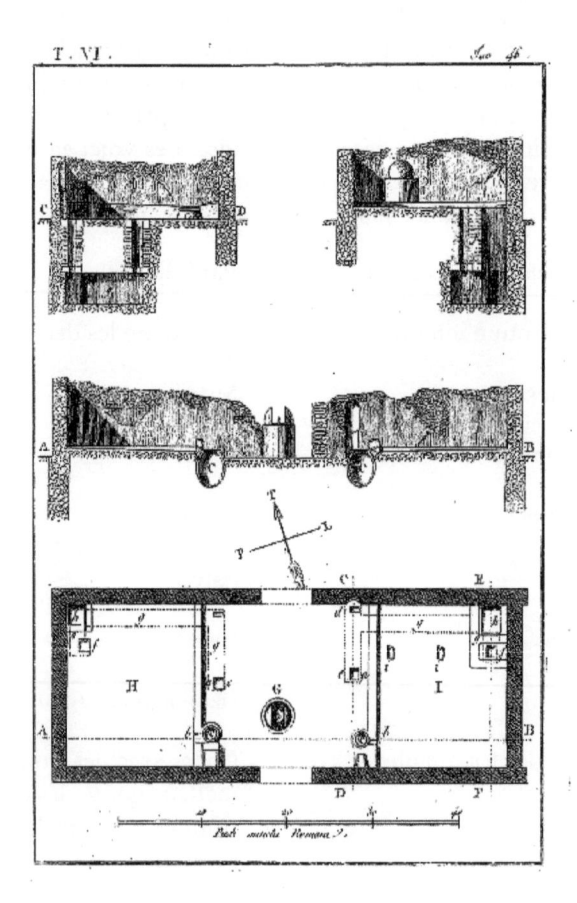

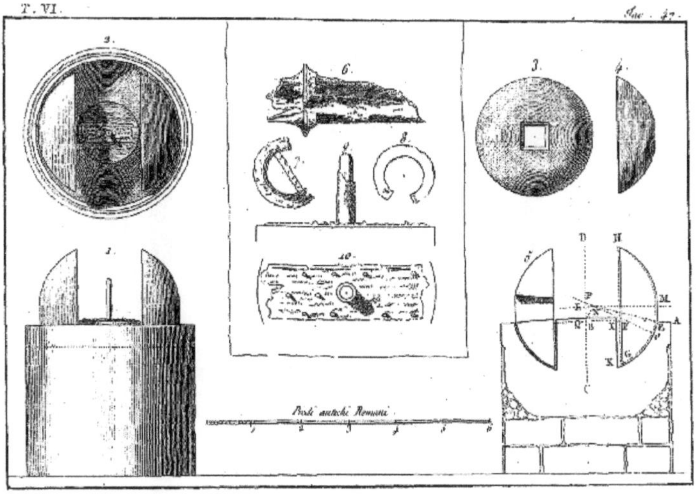
T. VI.
Piedi antichi Romani

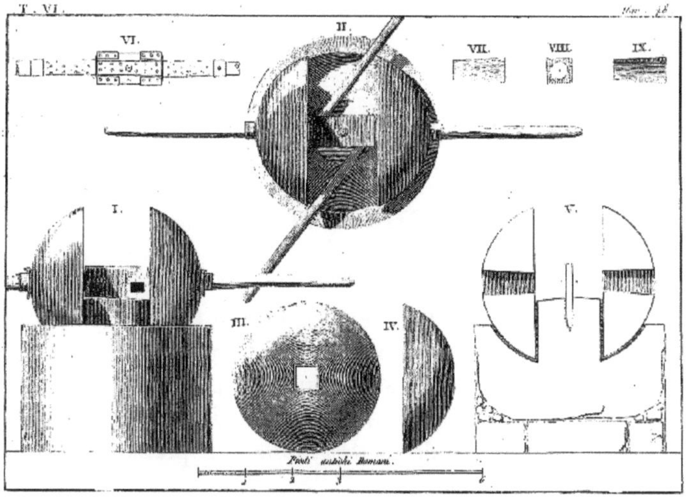
T. VI.
I.
II.
III.
IV.
V.
VI.
VII.
VIII.
IX.
Piedi antichi Romani

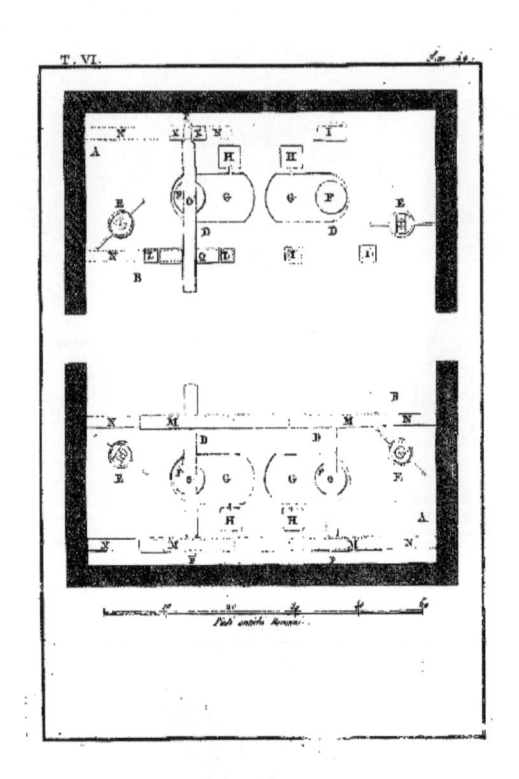

PLANCHE XLVI.—XLIX.

(Préf. de l'Edition royale.)

Nous donnons, dans ces quatre planches, le plan et les détails d'un moulin ou pressoir à huile, découvert en 1779 à Gragnano, l'ancienne Stabie. Nous suivrons le plus succinctement qu'il nous sera possible, les Académiciens d'Herculanum, dans l'explication qu'ils en ont donnée, et dans l'heureuse application qu'ils ont faite, de la description du pressoir de Caton, aux vestiges du pressoir de Stabie.

La *planche XLVI* offre le plan général du pressoir avec trois coupes du cellier où il était situé, appelé par les anciens *cella olearia, cella torcularia,* ou bien d'un nom commun à la machine *torculum* et *torcular*. La longueur de la pièce était de 46 pieds et demi romains antiques; la largeur, de 16 pieds un quart; le pavé entre les deux vasques portait 17 pieds un quart: il était formé avec un ciment, dont les murs étaient aussi revêtus à la hauteur de 5 pieds et demi[2].

Footnote 2: (return)

Nous employons la mesure romaine antique pour faciliter les rapprochemens avec le texte de Caton. Vérification faite sur plusieurs pieds romains conservés à Portici, cette mesure répond à-peu-près, à 11 pouces du pied français; elle se divisait en 16 doigts.

La machine à presser les olives, indiquée dans le plan par la lettre G, est exposée en détail dans la *planche XLVII*:

Elle est placée dans une cuve assez profonde, *fig.* I, et consiste en deux meules en forme de segment de sphère, qui se meuvent autour d'un cylindre. Les olives sont pressées entre la partie convexe de ces meules, et les parois de la cuve. Dans le cylindre, est un pivot qui recevait une barre; cette barre était assujétie par la plaque de fer qu'on voit dans le dessin des mêmes parties, pris en dessus, *fig.* 2; la barre traversait les deux meules percées, comme le montrent les *fig.* 3 et 4 Ce mécanisme est facile à saisir, et la *fig.* 5, dont nous renvoyons en note l'explication, le démontrera d'une manière satisfaisante[3]. Les dimensions des parties étant calculées, il s'est trouvé que le diamètre de la cuve, pris extérieurement, était de 3 pieds 10 doigts, et l'épaisseur du bord, de 5 doigts; l'espace entre le bord et le cylindre, de 14 doigts. La meule a de diamètre 1 pied et 7 doigts; et de grosseur, 12 doigts et demi: chaque côté du trou des meules a, dans la partie convexe, un demi-pied, mais il se rétrécit du côté plat, et diminue jusqu'à 6 doigts et demi.

Footnote 3: (return)

Cette figure offre la construction géométrique de la machine, prise dans une coupe verticale qui passe par son axe. Sur la ligne horizontale AB, égale au demi-diamètre de la cuve en pierre, s'élève du point B, comme point central, la perpendiculaire CD qui représente l'axe. Prenons sur la ligne AB la portion AE égale à 5 doigts du pied romain antique, qui formera l'épaisseur du bord de la cuve; il reste la ligne BE pour rayon interne de la cuve. Tirons une ligne indéterminée HG, qui coupe perpendiculairement en deux parties égales, le rayon BE au point F.—Entre la ligne HG et l'axe de la cuve CD, à la distance de 2 doigts et demi, tirons la ligne IK parallèle à HG, laquelle donnera le côté du cylindre qui s'élève au milieu de la cuve, comme IB en désignera le rayon. Établissons la ligne LM parallèle à la ligne AB, et à la distance du tiers de EI, et nous aurons déterminé la situation de l'axe linéaire des meules. Le centre de la courbure de chacune d'elles, se trouvera au point N de la ligne LM, distante de L, de la huitième partie de BE; de ce centre, et avec le rayon NE, décrivons l'arc GEH qui s'arrête sur la corde GH, et nous aurons formé un segment de sphère qui constituera chacune des deux meules. Dans l'arc EG, prenons le point O distant de E d'une huitième partie de la ligne BE, ou donnant la même mesure que LN; de ce point, tirons par N la ligne indéterminée NO, sur laquelle nous prendrons le point P distant de N de 2 doigts: ce point déterminera le centre de la concavité interne de la cuve, ayant pour rayon PO; enfin, prenant N pour centre avec le rayon NQ égal à LB, nous couperons la ligne CD, et le point de section Q fixera la hauteur du cylindre, dont la superficie plane sera parallèle au bord de la cuve.

Les *fig.* 6 *et* 7 font voir de face et de côté, une portion d'un tube formé de deux plaques de fer appliquées l'une sur l'autre, lesquelles ont dû, sans doute, revêtir un morceau de bois que le temps avait tout consumé. On remarque, dans le tube, les pointes d'un grand nombre de clous qui y fixaient le morceau de bois. Ce tube, trouvé dans le trou de l'une des meules, servait probablement de caisse au moyeu. Le fragment, *fig.* 8, est un anneau qui entourait l'extrémité du moyeu. Les *fig.* 9 *et* 10 représentent le pivot enchâssé dans un tube et une plaque de fer: on a vu la situation de ces deux objets dans les *fig.* 1 *et* 2.

Caton-le-Censeur, dans son livre de *Re rusticâ*, donne la description d'un moulin ou pressoir olives, qu'on retrouve très-exactement dans la machine de Stabie. Pour rendre plus sensible ce rapprochement curieux, on reproduit dans la *planche XLVIII*, la machine de Caton; on a suivi la construction qu'il en prescrit dans les chapitres 20, 21 et 22, et d'après les dimensions du plus petit pressoir, prises dans le chapitre 135 (*Édit. de Math. Gesner*).

La *fig.* 1 fait voir la machine entière, prise extérieurement, c'est-à-dire la cuve, dite par Caton *trapetum*, et plus particulièrement *mortarium*. Au milieu on voit le cylindre (*miliarium*), lequel s'élève au-dessus des bords de la cuve. Sur le cylindre, est la barre (*cupa*) percée au milieu d'un trou où se trouve un tube de fer (*fistula ferrea*), par lequel passe le pivot (*columella ferrea*). Aux deux côtés opposés du noyau, sont les deux meules (*orbes*) qui sont fixées dans leur place par des chevilles de fer (*clavi*)> enfin, dans le noyau qui se trouve entre les roues, sont deux trous (*foramina dextera sinistraque*). En dehors de ces trous, sont clouées ces petites plaques que Caton nomme *sublaminas pollulas et minutas*, et qui ont pour but d'empêcher que les trous ne s'agrandissent, lorsqu'on y fiche les petites barres (*cupæ minusculæ*), représentées dans la *fig.* 2, où la machine est dessinée en dessus. Dans les *fig.* 3 *et* 4, on a l'une des roues de face et de profil: on y remarque le trou pour le passage de l'axe (*foramen orbis*), qui va en se rétrécissant vers le côté plat. Caton ne parle point de cette particularité que nous restituons d'après la machine de Stabie, et qui devait exister, afin que le moyeu (*modiolus*), restât bien ferme dans sa boîte. Cette différence est rendue sensible dans la *fig.* 5, qui montre la coupe de toute la machine: on voit au milieu le cylindre, ayant au centre le pivot de fer, et le moyeu pris en long et dessiné sous différens aspects, *fig.* 7, 8 *et* 9. Enfin, la *fig.* 6 représente la barre qu'on voit en place dans les *fig.* 1 *et* 2; on a fait le noyau quarré, parce qu'il est tel dans la machine de Stabie, et qu'il semble aussi ne devoir pas être autrement. Le dessous est garni d'une plaque de fer (*tabula ferrea*). La partie de la barre qui entre dans les moyeux, est revêtue de quatre plaques recourbées (*imbrices ferrei*), clouées avec de petits clous (*clavuli*); au bout de ces plaques, est un fer (*ferrum librarium*), qui embrasse la barre, et dans lequel est un trou pour y ficher la cheville qui retient les roues, comme on le voit dans la *fig.* 1. Entre le clou et la roue, entre celle-ci et la partie quarrée de la barre, sont des rondelles de fer (*armillæ ferreæ*), qu'on a tâché d'indiquer dans les *fig.* 1 *et* 2.

D'après toutes ces descriptions, on conçoit facilement comment le pressoir de Caton était mis en mouvement. Deux hommes placés à chaque extrémité de la barre, la faisaient tourner sur le pivot du cylindre, et les deux meules qui se suivaient, écrasaient les olives contre les parois de la cuve et du cylindre, sans briser le noyau qui étant très-dur, n'éprouvait pas pour cela assez de pression, quand on observait dans la situation des roues la distance prescrite par Caton. Il paraît que les anciens écrivains de l'économie rustique, ont tous eu l'opinion que la trituration du noyau donnait à l'huile un mauvais goût (Voyez *Caton, cap.* 66—*Colum. lib.* 12, *cap.* 50, *et autres*). On ne doit point en conclure qu'on prenait toujours la précaution indiquée; l'huile plus commune pouvait trouver son usage, sur-tout pour les lampes, Caton parle lui-même de meules de rechange pour remplacer celles qui s'égrenaient: ce qui ne pouvait guère avoir lieu que quand on écrasait les noyaux. Caton, après avoir donné les préceptes sur la manière de construire un pressoir à olives, donne le détail de la dépense qu'il occasionnait; l'incertitude des érudits sur la valeur des signes employés dans ce passage, ne permet pas de le connaître à fond. Le même auteur nous apprend qu'on tirait des meules des carrières situées aux environs de Sessa, qui en fournissent encore aujourd'hui, et de celles de Nola et de Pompéia. On a reconnu, en effet, que notre pressoir était d'une lave très-antique qui se trouve dans la situation de cette ville, très-au-dessus des terrains de Civita et de Rapillo, jusqu'au fleuve Sarno. Indépendamment de la machine que nous avons essayé de décrire avec la plus grande exactitude, on remarquera dans le plan et les coupes (*pl. XLVI*) les vestiges de deux autres machines ou pressoirs proprement dits, servant à exprimer l'huile des olives déjà triturées. Les deux vasques marquées HI sur le plan, ont dû faire partie de ces pressoirs. Chacune des deux vasques, a, sur le côté opposé au mur, un bord ou marge marquée *a*, où il restait un conduit de plomb qui aboutissait à un grand vase de terre cuite C. Le plan montre l'orifice du vase; la coupe en montre la forme inférieure sur la ligne AB, et la hauteur au-dessus du pavé sur la ligne CD. Près de la bouche de chaque vase, s'élève un petit massif de maçonnerie dont la surface est un plan incliné; celui de droite est recouvert d'une tuile: ces massifs faisaient probablement l'office d'égoûtoirs. Bans les vasques, sont trois trous *d, e, f*, tous ayant un bord et une certaine profondeur (comme on le voit dans les deux sections CD, EF) qui arrive à un petit souterrain *g*, indiqué dans le plan et dans la coupe. On descendait dans ce souterrain par le petit puits *h*. Chaque puits a un bord qui s'élève un peu au-dessus du plan de la vasque: on voit un bord semblable autour du trou *f*. À l'un des trous *d*, on voit un creux en forme de niche, et enfin sur le pavé de la vasque I, s'élèvent quatre cercles de fer, liés deux à deux, *i, i*. En combinant les traces du pressoir sur le plan, c'est-à-dire les vasques, les vases de terre cuite, les conduits en plomb, les trous, leur communication avec un souterrain, on peut à l'aide de la description donnée par Caton (*cap.*)

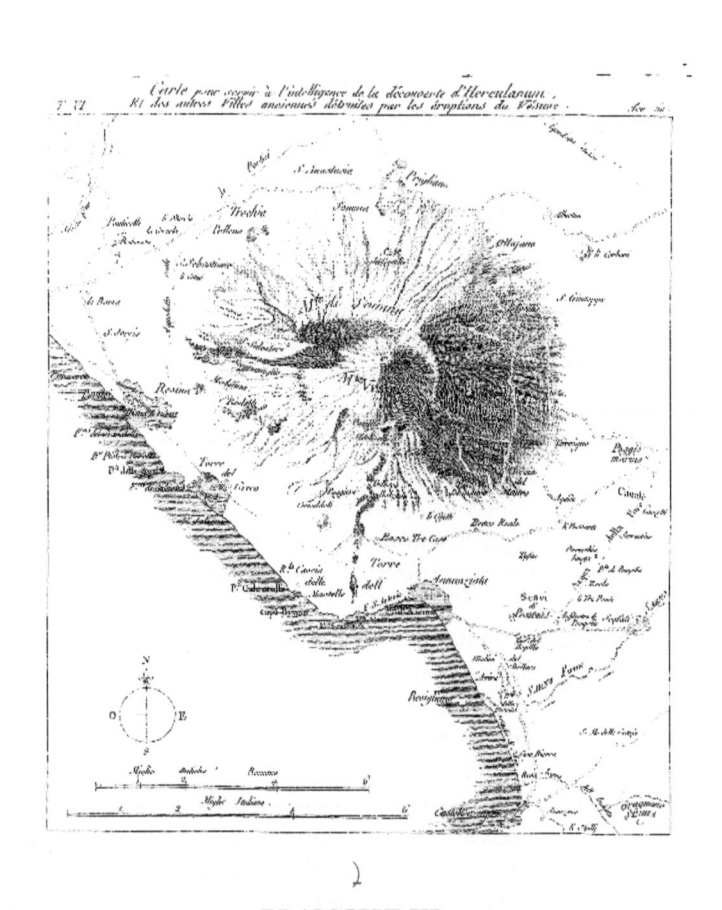

PLANCHE XL.

Carte pour servir à l'intelligence des découvertes d'Herculanum, de Pompéia, et des autres Villes antiques détruites par les éruptions du Vésuve.

En publiant cette édition des antiquités d'Herculanum, nous avons cru devoir nous arrêter au même point où l'édition royale de Naples s'est trouvée suspendue. Un ouvrage de cette importance, commencé sur un si beau plan, ne demeurera point, sans doute, imparfait. Les statues en marbre, les ustensiles sacrés et domestiques, et d'autres antiquités, doivent former différentes classes, et fournir la matière de plusieurs autres volumes. Une grande partie de ces objets a été gravée pour l'édition originale; M. Piroli s'était mis en mesure d'en suivre la publication pas à pas; mais il a considéré qu'il serait indiscret de prévenir, pour ainsi dire furtivement, une entreprise digne d'être relevée et encouragée par l'auguste Souverain, devenu le possesseur de ces trésors et des mines non fouillées qui en récèlent encore d'aussi précieux. Nous partageons ce sentiment, et nous espérons que nos lecteurs, en appréciant notre retenue, nous sauront aussi quelque gré de l'empressement que nous mettrons à compléter notre édition, aussi-tôt que nous pourrons nous permettre de le faire.

La carte que nous donnons ici ferme, en quelque sorte, le câdre que nous avons adopté.

Elle montre la situation des villes antiques, détruites par le Vésuve, et desquelles nous avons eu occasion de parler dans cet ouvragé, comme du théâtre des découvertes. Il entre dans notre sujet de donner, sur ces mêmes villes, quelques notions historiques et géographiques; c'est l'objet de l'article qui termine ce volume.

TABLE DES MATIÈRES CONTENUES
Dans le 6e Volume des Antiquités d'Herculanum
(LAMPES ET CANDÉLABRES).

A

ACTÆON se défendant contre ses chiens,—Pl. 19, fig. II.

AIGLE déchirant un lièvre.—Pl. 3, fig. I.

ANIMAUX, (lampes ornées de figures ou de têtes d') emblèmes du culte de diverses divinités.—Pl. 10, fig. III, IV, V, VI; et Pl. 21.

APOTHÉOSE, d'un personnage inconnu. (Lampes exprimant l').—Pl. 18, fig. I et V.

B

BAIN. (Deux personnages préparant un)—Pl. 23, fig. III.

BALADIN. (Lampe dont le couvercle est surmonté d'une figure de)—Pl. 16.

BARQUE. (Lampe en forme de).—Pl. 8, fig. I.

BŒUF avec le *croissant*, emblème du culte égyptien.—Planch. 23, fig. II.

C

CALEÇON. *Voyez* BALADIN.

CANDÉLABRES à mécanisme, avec des figures en hermès.—Pl. 35.—*Autres* de diverses espèces.——Pl. 36 à 45.

CARTE pour servir à l'intelligence de la découverte d'*Herculanum*, de *Pompéia*, et des autres villes anciennes, détruites par les éruptions du Vésuve.

CHAÎNES. (Lampe de bronze suspendue avec des)—Pl. 24 et 25.

CHAUVE-SOURIS. (Lampe de bronze ornée d'une)—Pl. 13, fig. III et IV.

CHIENS DE CHASSE.—Pl. 19, fig. IV.

CIGOGNE, symbole de la piété filiale.—Pl. 6, fig. II.

COLOMBES.—Pl. 22. fig. VII.

CONCORDE. (Symbole de la)—Pl. 19, fig. I.

COQS. (Combat de)—Pl. 6, fig. I.

COQUILLES, ornemens de lampes. Pl. 22, fig. III et IV.

COURONNES de chêne, ornemens de lampes.—Pl. 8, fig. V.

CROISSANT, emblème de Diane. Pl. 12, fig. I et II.

CROIX. (Lampe curieuse, ornée d'une)—Pl. 23, fig. I.

CYBÈLE et Attis.—Pl. 6, fig. III.

D

DAUPHINS sur des lampes consacrées à des divinités marines.—Pl. 18, fig. II, III et IV.

DIANE.—pl. 17, fig. IV.

DIEUX LARES des quartiers de Rome. (Lampe consacrée aux)—Pl. 2, fig. III.

DIEUX LARES domestiques. (Lampe consacrée aux)—Pl. 17, fig. II.

DIVINITÉS (Les trois grandes) réunies: Jupiter, Minerve et Junon. Pl. 1, fig. I.

DIVINITÉS (Les trois grandes) égyptiennes: Isis, Osiris et Harpocrates.

E

ELÉPHANT sur une lampe, emblème d'une victoire.—Pl. 17, fig. III.

EPERVIER, lampe augurale.—Pl. 10, fig. I.

ETRENNES. (Lampe relative aux) Explication sur cet usage.—Pl. 3, fig. III et IV.

F

FIGUIER. (Lampe en forme de feuille de) avec une figure au milieu.—Pl. 14, fig. III.

FORTUNE.—Pl. 1, fig. IV.

G

GÉNIE tenant un étendard.—Pl. 17, fig. I.

GÉNIE de la beauté.—Pl. 17, fig. VI.

GLADIATEUR, dit *Retiarius*, armé d'un filet.—Pl. 7, fig. I.

GLADIATEUR. (Plusieurs lampes représentant des)—Pl. 4.

GRIFFON, symbole du Soleil.—Pl. 12, fig. IV; pl. 15, fig. V.

GUTTUS, sorte de vase. (Lampe en forme de)—Pl. 8, fig. III et IV.

H

HERCULE avec sa grande coupe.—Pl. 2, fig. V. —vainqueur du Dragon qui gardait les pommes d'or du jardin des Hespérides.—Pl. 3, fig. II.

HERCULE. (Génie d')—Pl. 19, fig. II.

I

INSCRIPTIONS. (Lampes remarquables par des)—Pl. 20, fig. VI à XIV.

J

JOUET d'enfant. (Petite lampe considérée comme un)—Pl. 15, fig. I.

JUPITER. (Lampe consacrée à)—Pl. 1, fig. II.

L

LAMPES. Leurs différentes espèces. *Voyez* l'Avertissement en tête du volume.

LAMPADAIRES en bronzes.—Pl. 29,—*Autres*, portant des lampes.—Pl. 30.—*Autre*, ayant pour motif une figure grotesque.—Pl. 31.—*Autres*, en forme de tronc d'arbre.—Pl. 32 et 33. —*Autre*, en forme de colonnes.—Pl. 33.—*Autre*, avec un enfant sur le même piédestal.—Pl. 24.

LANTERNE, avec tous ses agrès.—Pl. 27.

LION sur des lampes.—Pl. 13, fig. II; pl. 22, fig. V.

LUMIGNON trouvé dans une lampe de bronze.—Pl. 25, fig. IV.

M

MASQUES. (Lampes ornées de)—Pl. 9, fig. V et VI; pl. 14, fig. I à IV; pl. 17, fig. V; pl. 20; pl. 22, fig. VII et VIII.

MOULIN, ou Pressoir à huile, trouvé à Stabie. Plans et détails.—Pl. 46 à 59.

O

OIE. (Lampe en forme d')—Pl. 9. fig. II.

OIE étouffée par un génie. (Lampe de bronze, ayant pour ornement une)—Pl. 11.

P

PÉGASE, symbole d'Apollon.—Pl. 12, fig. III.

POISSONS.—Pl. 13, fig. I; pl. 15, fig. II.

POULETS SACRÉS.—Pl. 11, fig. IV.

Q

QUADRIGE en pleine course.—Pl. 5, fig. II.

QUEUE pliante. (Lampe à)—Pl. 28, fig. IV à VI.

R

RAT sur une lampe de bronze.—Pl. 23, fig. VIII et IX.

T

TAUREAU. (Chasse au)—Pl. 5, fig. I.

TRÉPIEDS en tronze, pour servir de support à des lampes.—Pl. 28, fig. I, II et III.

V

VAISSEAU. (Lampes en forme de)—Pl. 22, fig. VI.

VASES pour le service des lampes, avec des anses très-ornées.—Pl. 26.

VEILLEUSE. (Lampe faisant)—Pl. 18, fig. VIII, IX et X.

VICTOIRES.—Pl. II, fig. III.

VILLES (Des anciennes) détruites par les éruptions du Vésuve; dissertation placée à la suite de la CARTE.—Pl. 50.